JN109876

映像作家宮崎駿

〈視覚的文学〉としてのアニメーション映画

米村みゆき 著

早稲田大学出版部

〈翻案〉の魔術師・宮崎駿

──〈原作に準拠しつつ添加した脚色〉

　宮崎駿監督のアニメーション映画のいくつかが、国内外の文学作品を下敷きにしてつくられていることは、ご存じでしょうか。1989年公開の『魔女の宅急便』は、角野栄子さんによる同名児童文学の映画化ですし、2004年公開の『ハウルの動く城』は、イギリスの児童文学作家ダイアナ・ウィン・ジョーンズさんの *Howl's Moving Castle* が原作です。アカデミー賞（長編アニメーション部門）受賞作の『千と千尋の神隠し』（2001年）は、柏葉幸子さんの『霧のむこうのふしぎな町』の映像化への取り組みが始まりでした。『となりのトトロ』（1988年）は、宮崎監督が劇場予告で発言しているように、宮沢賢治の『どんぐりと山猫』が発想のもとでした。『崖の上のポニョ』（2008年）もアンデルセン童話の『人魚姫』が「原作」になっています。

　宮崎駿監督のアニメーション映画は、他にも数多くの文学作品からなんらかの触発や影響を深く受けることによって、独自の映像世界が創造されていると思われます。本書はこのような視角から宮崎監督のアニメーション映画を捉え、〈視覚的文学〉として考察しました。

＊

　私が専門領域とする近現代文学の研究では、書物に書かれた活字の表面上の意味だけを追うのではなく、その表現に蓄積された歴史

的、社会的な意味を問います。また行間を読むディシプリン（訓練）を積み、一定の角度からではなく、別の視点から物事をみる可能性を探ります。常に新しい解釈の可能性を探究することで、自分の見ている世界を更新するのです。自分自身が閉ざされることなく、一定のものの見方に囚われることなく、新たな世界や他者を柔軟に受け入れることができるように。そのため、文学研究に携わる者は、書物に並ぶ活字表現を繰り返し読むことになり、研究する対象は時代を超えて精読に耐えうる作品となります。結果として、そのような作品は「芸術作品」として世の中に流布することになると思われます。一般的には、文学研究に携わる者の多くは、活字表現の読解や分析に親近感を抱くため、視聴覚表現への志向とは対極の場所にいるでしょう。しかしながら、宮崎駿監督のアニメーション映画は——文学研究の対象として精読に耐えうる小説があるように——何度も視聴を誘う作品だと思われます。

　それは、どうしてなのでしょうか。

　スタジオジブリの鈴木敏夫さんに拠れば、宮崎監督は自分の制作過程について、興味深いことを発言しています。「自分の脳みそのふたをあけるまで待つのだ」と。自らが意図したような作品制作を目指しているのではなく、無意識に近いところまで自らを追い込んで映画を創造しているというのです。このことは、すなわち、制作者自らにもコントロールできない表現が、映画作品に多く含まれるということを意味します。同様に本書でも、アニメーション映画の考察について、制作者＝宮崎監督の意識、無意識の区分を超えた立場をとっています。宮崎監督のアニメーション映画を、制作者（宮崎監督）が意図している、意図しないに関わらず「宮崎監督の作品」として扱っています。もちろん、アニメーション制作は集団作業ですから、一個人がコントロールして生み出したものという考えはあ

てはまらないのですが、本書では「宮崎監督」あるいは「宮崎作品」として捉え解釈することによって、作品が生み出される想像力について考察を試みています。

＊

　本書では、宮崎映画の独自性を考察するために、主に２つの点に着目しました。

　１つめは宮崎監督の〈翻案〉の手腕です。

　宮崎監督が「脚色」するアニメーション映画について考察すると、原作の作品を独自の手法で発展させてゆく創造的なプロセスが認められます。これは、宮崎監督の独自性として大きく注目されるでしょう。宮崎監督のアニメーション映画は、これまで、大胆な脚色を行い、原作の世界から大きく逸脱している、と評されてきました。しかし、宮崎監督は、原作の童話や小説を自作映画の「着想の種」としてのみ用いているわけではありません。宮崎監督の映画を考察すると、原作を掘り下げて読解し、その上で自らの解釈を行っている様相がみえてくるためです。さらに興味深いことには、その解釈に沿って発展的に創造した脚色（アダプテーション）を行っている様態も看取されます。つまり、脚色への創造過程（プロセス）に着目することによって、宮崎映画の特徴がくっきりと立ち現れるのです。本書では、このような宮崎監督の脚色化について、そのプロセスの総体を〈翻案〉と呼んでいます。

　宮崎監督の〈翻案〉の特徴は、多かれ少なかれ、ほとんどの宮崎映画の中には見受けられますが、『魔女の宅急便』と『ハウルの動く城』においてはことに顕著に表れています。それは、一言で表すなら、**〈原作に準拠しつつ添加した脚色〉**です。宮崎監督は、原作の作品を掘り下げて読解し、解釈し、さらに自らの解釈要素をアニメーション映画の中に再配置しているのです。具体的な事例が必要でしょう。『魔女の宅急便』から２つの例を示しましょう。１つは

トンボの設定、もう1つは赤ん坊のおしゃぶりの登場についてです。

　宮崎監督は、『魔女の宅急便』の中で、トンボがキキの父親のオキノと共通する部分を持つように脚色しています。なぜでしょうか。おそらく宮崎監督は、角野さんの原作童話を読んで、トンボはキキの母親と結婚したオキノと同様、将来は魔女（キキ）とカップルになるはずだ、と予想したからでしょう（もちろん、前述したように、宮崎監督が意識的だったかどうかは、ここでは問いません）。角野さんの童話を読むと、オキノと同様に、とんぼ（トンボ）は、魔女に関連した「研究」をしています。そこで、宮崎監督は、原作に準拠した要素──オキノとトンボの共通点──を追加し、自らの映画の中に配置しています。ともに「魔女」が空から街に降りてくるのを見た時から「魔女（妻）」を知る人物として。ちなみに角野さんの原作童話では、とんぼとキキが初めて出会う場所は海岸で、キキが宅急便の仕事を始めてからしばらく経った後になります。

　同様な脚色の手腕は、「赤ん坊のおしゃぶり」のエピソードでもみることができます。パン屋のおソノの客が忘れていった赤ん坊のおしゃぶりをキキが届ける場面です。この場面は、角野さんの童話にも登場しています。おソノは、赤ん坊はおしゃぶりがないと眠れない、と心配しています。ここで宮崎監督は、角野さんが童話で描いた赤ん坊のおしゃぶりのエピソードを「ライナスの毛布」と解釈していることがわかります。なぜなら、それをキキの相棒の黒猫のジジにも再配置しているからです。「ライナスの毛布」とは、漫画『ピーナッツ』に登場するライナスがいつも肌身離さず毛布を持っていることで安心を得ていることから、乳幼児がお気に入りのアイテムを身近に置くことで安心感を得ることを意味します。それがなければ、乳幼児は精神的に落ち着かない状態になります。そして、赤ん坊がおしゃぶりを必要としなくなるように、乳幼児は成長につ

れて「ライナスの毛布」が不必要になります。『魔女の宅急便』の後半では、キキは飛ぶこともできずジジの声も理解できなくなりました。キキの魔法が弱くなったのです。しかしながら末尾では、キキが飛ぶ力を取り戻し、飛行船の事故からトンボを救います。しかし、ジジの声は理解できないままです。これは、キキが精神的に自立したことで、ジジの存在が不要になったことが表現されたのでしょう。この場面は、角野さんの原作童話には描かれていません。すなわち宮崎監督は、角野さんの原作童話に描かれていたジジの設定を「ライナスの毛布」であると読み取り、キキの精神的自立を描く要素としてジジの設定に脚色を加えたことがわかります。「赤ん坊のおしゃぶり」の比喩として再配置したのです。この事例からは、宮崎監督による読解の精緻さや〈翻案〉の真骨頂を窺うことができます。

　宮崎監督の脚色には、原作から大きく逸脱する側面ばかりではなく、原作の世界を継承し、その要素を再配置してゆくこと、いわば、宮崎監督の〈翻案〉は〈原作に準拠しつつ添加した脚色〉として評価することができるのではないでしょうか。

　宮崎駿映画の独創性として2つめに着目したのは、〈視覚的叙述〉の様相です。

　〈視覚的叙述〉という言葉が含意する意味の幅は広汎にわたりますが、その1つを定義すれば〈行間の可視化〉と言い換えることができるでしょう。

　〈視覚的叙述〉も宮崎監督による〈翻案〉と関わっています。いうまでもなく、小説から映画への脚色は表現メディア——文字を主とする活字媒体から、画像（動画）や音声を主とする視聴覚媒体に変換されます。小説は、文章による叙述を通して様々な説明をしてゆきますが、一方、宮崎映画は、画像や音声を通して「叙述」して

いるのではないか、と思われます。さらにいえば、〈視覚的叙述〉は、画像の表層に現れたものだけではなく、画像から読み取ることのできる物語であり、新しい解釈の可能性もみることができます。

　『ハウルの動く城』を事例にして、みてゆきましょう。上述の通り、原作はダイアナさんによる文学作品です。文学作品の醍醐味の１つは、いわゆる「行間を読む」こと──文章には直接表現されていないものの、読者は、行間──文章と文章のあいだから作品の意味をくみとる作業が求められています。そして、宮崎監督によるアニメーション映画は、興味深いことに、映像を通して「行間」の読みを促しています。

　一例として、ソフィーがハウルの城で料理している場面を取り上げましょう。ソフィーは、城に掃除婦として居座り、朝食を作り始めます。そこに外出していたハウルが帰宅し、料理中のソフィーからフライパンとクッキングスプーンを奪い取るのですが、このとき、ハウルの手がソフィーの手に重ねられる時間がやや長いのです。みなさんは、この場面を観て違和感を抱いたでしょうか？　そこで、アニメーションの設計図である絵コンテを確認すると、宮崎監督による「注釈」が次のように書かれていることがわかります。

　「ソフィーのシワだらけの手に、ハウルのせんさいな長い指がかさねられ」

　ここには、高齢女性における恋愛の論点（イシュー）が表現されていることがわかります。宮崎監督は、このような視覚的な表現を通して、主人公の気持ちを盛り込んでいることが確認されるのです。もちろん登場人物の内面に限りません。宮崎監督のアニメーション映画では、背景描写や事物などを通して、この〈視覚的叙述〉がふんだんに用

いられ、物語の文脈を説明しています。本書では、いたるところで
宮崎監督による〈視覚的叙述〉に着目し、解釈しています。

米村みゆき

※本書は令和3年度専修大学研究助成・個別研究「研究課題 スタジオジブリのアニメーション映
　画における〈翻案〉についての研究」の研究成果の一部である。

目 次

＊本書で引用の傍点強調や傍線強調は断りがない限り引用者に拠るものである。
＊本書で引用した台詞は、字幕のほか適宜シネマコミックを参照した。映像資料は収録作品のソフトに拠る。

〈視覚的叙述〉と『ハウルの動く城』

なぜ汽車が登場するのか

「"原作とは違う"と思った」

　これは、『ハウルの動く城』の原作者であるダイアナ・ウィン・ジョーンズさん（Diana Wynne Jones 1934−2011年）が宮崎駿監督のアニメーション映画で描かれた城を観て述べた言葉です 。しかし、同時にこう述べています。

「宮崎監督は、他の誰よりも私の本をよく理解してるってね」

　ダイアナさんはイギリスの児童文学者で、2004年に公開された『ハウルの動く城』は、彼女の小説である *Howl's Moving Castle*（1986年、日本語訳1997年）をもとにしてアニメーション化されました。しかし、ダイアナさんの *Howl's Moving Castle* を読んだことがある人は、ダイアナさん本人も示唆しているように、原作の小説と宮崎映画は別の作品である、と口を揃えて発言します。実際、２つの作品を比較すると、主人公のハウルや荒地の魔女、サリマン、城の住民のマルクル（マイケル）の設定は異なり、ストーリーも大きな隔たりをみせます。しかしながら、宮崎監督のアニメーション映画が、原作作品と大きな違いをみせるのは『ハウルの動く城』に限ったことではありません。宮崎監督は、いくつかの小説や童話などをもと

にアニメーション映画を制作しますが、映画評論家たちは「宮崎駿は原作から大きく乖離して映画をつくりあげている」と指摘してきました。つまり自らの想像力を駆使することで、原作から自由に「飛翔」した世界をみせてくれるところに、映画監督・宮崎駿の力量が発揮されているのだと、ひとまずは、いうことができるでしょう[1]。

　しかしながら、宮崎監督による脚色のプロセスを掘り下げて考察してゆくと、一括りに、「逸脱」という言葉のみには限定されない、宮崎監督の独創性（オリジナリティ）が浮かびあがります。ここでは、その独創性を〈視覚的叙述〉という言葉で呼んでみたい。あるいは、〈行間の可視化〉といいかえることができるかもしれません。

　いうまでもなく、小説から映画への脚色は、表現メディアにおける変更——文字を主とする活字媒体から、画像（動画）や音声を主とする視聴覚媒体に変換されます。小説は、文章による叙述を通して様々な説明をしてゆきますが、それに対して、映画は、いわば画像や音声を通して「叙述」しているのではないか、と思われます。さらにいえば、〈視覚的叙述〉は、画像の表層に現れたものだけではなく、画像から読み取ることのできる物語、新しい解釈の可能性さえもみることができます。

　ここでは、2004年に公開された『ハウルの動く城』を事例にして、みてゆきましょう。

　『ハウルの動く城』は、18歳の女性主人公であるソフィーが、荒

1　文芸アニメーションにおいては、原作で忠実であることや、原作世界を継承するところにその作品の評価が置かれる傾向があった。文芸アニメが小説を理解する補助教材として教育的目的で使用されてきたためであろう。その傾向を大きく変える契機の１つとなったのは、宮崎駿による「文芸アニメ」のジャンルにおける活躍であると思われる。詳細は、米村みゆき「「文芸アニメ」にとって〈原作〉とは何か　アニメ版『伊豆の踊子』の脚色」（中村三春編『映画と文学　交響する想像力』2016年、森話社）。

地の魔女という悪玉の呪いによって、90歳のお婆さんに変えられてしまうという話です。おばあちゃんになったソフィーは家を飛び出して、魔法使いハウルとその弟子たちと、彼の住まいである「動く城」で生活をします。この映画の原作は、前述のように、ダイアナさんによる同名小説（*Howl's Moving Castle*）ですが、宮崎監督は、ダイアナさんの小説をもとにして、様々な変更を施しました。ストーリー部分での変更部分を列挙すれば、荒地の魔女が「家族」になること、戦争が背景となることなど数多くあります。しかしながら、変更部分の考察については、原作が「小説」である点にもっと着目しても良いのではないでしょうか。なぜなら、文学作品の醍醐味の1つは、いわゆる「行間を読む」こと——文章には直接表現されていないものの、読者は行間——文章と文章のあいだから作家の真意をくみとる作業が求められているからです。そして宮崎映画は、興味深いことに、映像を通して「行間」の読みを促していると思われます。

　具体的な映像場面をみましょう。ここでは3つ取り上げます。1つめは鏡の場面、2つめは料理の場面、3つめは汽車の登場場面です。

図1-1　ソフィーが鏡で自分の姿をみる場面の絵コンテ
（『スタジオジブリ絵コンテ全集14　ハウルの動く城』2004年、徳間書店）© 二馬力

最初に「鏡」が登場する場面をみてみましょう。

　主人公のソフィーが、パン屋で働きに出ている妹のレティーをたずねようと準備しているとき、帽子をかぶった自分の姿を鏡の中でみるシーンがあります（図1-1）。ここで、ソフィーは鏡の中の帽子をかぶった自分に、にこりとし、すぐさま、愛想笑いをした自分自身に対して自己嫌悪の表情をみせています。そののち、再会した妹のレティーとの台詞の中で明らかにされるのですが——ソフィーは自分の容姿に自信がもてず、地味な洋服を選んで身に着けています。そもそも帽子屋の跡取りであるにも関わらず、みすぼらしい帽子をかぶっていることから、お洒落に関心など持たない——おそらくは持てない、持ちたくない気持ちがこの一瞬の表情に表わされています。その帽子が見劣りするものであることは、後にソフィーがハウルの母親のふりをして王宮に行くときに、ハウルから「その帽子かぶるの？　せっかく魔法で服をきれいにしたのに…」といわれる台詞に明示されており、視聴者が気づくように描かれています。そんなソフィーの心情を、宮崎監督は一瞬ですが、細かく映像で表現しているようです[2]。

　再び「鏡」が登場する場面をみましょう。荒地の魔女が、ソフィーの店を訪れて、18歳のソフィーをお婆ちゃんに変えてしまう場面です（図1-2）。ソフィーは、店の姿見をみて「ほんとにわたしなの…」と慌てふためき、店の中や外をオロオロと歩きまわっては再び姿見のところに戻って、自分の年老いた顔を確認し、また吃驚します。「落ち着かなきゃ」「ああ、なんでもない、なんでもない」「落ち着かなきゃ」と自分の狼狽をなんとか抑え込もうとしま

　2　ソフィーが、レティーの働くベーカリーショップに行くときに、兵隊が闊歩する賑やかな大通りではなく、裏通りを歩いているところにも、華やかさを避けるソフィーの性格が描出されている。

図1-2　90歳の高齢女性になったソフィー
© 2004 Studio Ghibli・NDDMT

す。この場面では、よくみると、大きな姿見のほか、小さな鏡も一
瞬映し出されます。さりげなく、鏡はこの映画の小道具として重要
だよ、と伝えてくれています。その予想通り、ソフィーが翌朝を迎
えた場面でスクリーンに登場するのは、やはり「鏡」です。自室の
ドレッサーの鏡に向き合ったソフィーは、鏡の中の自分にこういい
ます。

〈大丈夫よ、おばあちゃん〉〈あなた元気そうだし、服も前より似合って
るわ〉

　昨晩の、鏡をみて慌てふためいたソフィーは、翌朝では落ち着き
を取り戻し、泰然たる態度でいます。しかし、ここにいたるまで、
ソフィーは何度も何度も、おそらく一晩中、鏡を覗き込んで自分が
高齢者となったことに驚き、そしてついに、高齢者である自分を受
け入れたのでしょう。翌朝を迎えたソフィーがベッドの上で毛布を
かぶってうずくまっているショットには、失意やら諦念の中で一晩
中覚醒していただろうソフィーの内面が察せられます（図1-3）。
　次に、ソフィーがハウルの城で料理している場面をみましょう。

図1-3　ベッドの上で毛布をかぶりうずくまっているソフィー

ソフィーは、城に掃除婦として居座り、朝食を作り始めます。そこに外出していたハウルが帰宅し、料理中のソフィーからフライパンとクッキングスプーンを奪い取ります。このとき、みなさんの中で、ハウルの手がソフィーの手に重ねられる時間がやや長いことに違和感を抱いた人はいるでしょうか？　アニメーションの設計図である絵コンテをみると、宮崎監督による「注釈」が次のように書かれています（図1-4）。

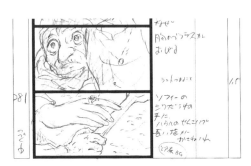

図1-4　料理の場面の絵コンテ

（前掲『スタジオジブリ絵コンテ全集14　ハウルの動く城』）
高齢女性となったソフィーの手にハウルの手が重ねられるクロースアップ

「ソフィーのシワだらけの手に、ハウルのせんさいな長い指がかさねられ」

　ここには、高齢女性における恋愛の論点（イシュー）が描出されているでしょう。この論点については、第10講で改めて取り上げることにして、先にすすめましょう。宮崎監督は、このような視覚的な表現を通して、主人公の気持ちを盛り込んでいることが確認されるのです。

　この点を考えながら、３つめの、映画の冒頭に登場する「汽車」に着目しましょう。

　まず、汽車の登場ですが、ダイアナさんの原作小説には「汽車」はほとんど登場しません。しかし、宮崎映画の冒頭部分には、汽車が幾度も登場していることに気づくのではないでしょうか。

　たとえば、映画が始まり『ハウルの動く城』のタイトルクレジットの直後に登場するのが汽車。その汽車は、黒い煙を吐き、音をたてて真正面から通り過ぎる。次は、ソフィーが窓のそばで帽子の内職をするシーンです。窓の外でまた汽車が通ります。そのときに、スクリーンの画面全体が揺れます。フィルム・コミック版には「ゴトンゴトンゴトン」という効果音も書き込まれています[3]。その後ソフィーが家を出て、ハウルの城に向かう途中も、そしてハウルの城の住人となって引っ越し——城の住民たちとともにソフィーの帽子屋に引っ越す場面でも、スクリーンは住まいの近くで汽車が通過するのを映し出します。原作には登場することのない汽車を、宮崎監督はなぜなんども登場させているのでしょうか。ここで注目すべきは、汽車が煙と音をたてて通り過ぎていることでしょう。というのは、これは、後にハウルの動く城で生活することになるソフィーの「事前学習」として、宮崎監督が描いているように思われるから

3　『シネマ・コミック13　ハウルの動く城』（2019年、文藝春秋）。

図1-5　2001年版の *Howl's Moving Castle*（ペーパーバック版）の装丁（Greenwillow Books）

です。

　ダイアナ・ウィン・ジョーンズさんの原作では、城の外観は、詳細には描出されていません。背の高い黒い城で、4つの尖塔から黒煙がもくもくと吹き上げている（a tall black castle blowing clouds of black smoke from its four tall, thin turrets）と表現されています。原作から想像される城のイメージは、ダイアナさんのペーパーバック版の絵のように、長方形の建物に4つの煙突のような尖塔が付属したものなのでしょう（図1-5）。ダイアナさん自身、インタビューで「（城は）"原作とは違う"と思った」「私がイメージしたお城は、もっと細長く石炭で出来たものでした」と述べています。しかしながら宮崎監督は、ダイアナさんの城を、ガラクタを寄せ集めて貼り付けたような動く城に変えました（図1-6）。

　宮崎監督が独創したハウルの城を表現するため、デジタル作画監督の片塰満則さんは、切り紙アニメーションで有名なロシアのアニメーション作家のユーリー・ノルシュテインさん（Yuri B.Norstein 1941年〜）の短編『霧の中のハリネズミ』（1975年）を参考にしたと発言しています[4]。切り紙アニメは、関節部分を針金のような部品で

4　「ハウルの城はこうして動いた」。片塰満則による。

図1-6　宮崎駿監督版のハウルの動く城

© 2004 Studio Ghibli・NDDMT

繋ぎ合わせ、動かせるようにしたもの。宮崎版ハウルの城は、城が動くたびに、ガラクタのパーツの接合部分がいびつに動くようになっているわけです。そしてこの城は、ダイアナさんが想起したような建物のイメージ＝固定化された頑丈な城とは異質の、移動するたびに城のパーツが上下左右に揺れ動き、地響きするような建造物になりました。実際、城は映画の最初に登場するとき「ガシャガシャ、ゴトンゴトン、ブオーッ」という音を立てて現れます。煙突も城に突き刺さるかたちにみえ、黒い煙を吐いています。

　もう、おわかりでしょう。この城の造型は、ダイアナさんが描く「ハウルの城」を（文字で）読んだときの、宮崎監督の視覚的な「解釈」（アウトプット）になっているのでしょう。4つの尖塔から煙が出ているという城の造型に、宮崎監督は煙を吐く汽車のイメージを重ねたのではないでしょうか。さらに重要なのは──ソフィーが「ハウルの動く城」で生活する／できるためには、ハウルの城の煙突の煙や、動く「乗り物」に、いわば乗り物酔いにならないように慣れている必要がある、という想像力が働いていることです。したがって、ソフィーの住まいは、汽車が走る線路のそばにあり、ソフィーの仕事場は窓をあけたら煙が入り込む窓辺。そして、汽車が

通り過ぎるたびに汽車の振動が伝わり、部屋全体が揺れ動く生活環境。ソフィーの住まい（仕事場）は、宮崎版のモザイク的な城の生活をするための「事前学習」的な要素が付け加えられていることが着目されるのです。

　この論点を補うために、宮沢賢治（1896〜1933年）の『銀河鉄道の夜』の事例を参照しましょう。宮沢賢治は、宮崎監督が愛好し、映画でもたびたび引用する童話作家です。

　『銀河鉄道の夜』は、貧しい少年のジョバンニが、友人カムパネルラと銀河を汽車で旅をする物語です。ほかの多くの宮沢賢治童話と同様、生前未発表かつ未完成。宮沢賢治が1933年に亡くなったとき、『銀河鉄道の夜』の草稿は83枚残されていました。テクストクリティーク（本文批評）から、賢治は亡くなる直前までこの原稿の推敲を重ねていたことが明らかとなり、その原稿からは4段階、つまり4バージョンの『銀河鉄道の夜』の作品が存在するといわれます。草稿は散逸した部分もありますが、比較的「作品」の形態を残している第3番めのバージョンは1925〜1926年頃に執筆され、最終的な手入れがある第4番めのバージョンは、1931〜1933年頃に執筆されたといいます。注目されるのは、第3から第4にかけて加筆された部分です。冒頭部分が追加されました。もともとは主人公のジョバンニが村の祭りに参加する場面から始まり、その後友人のカムパネルラと銀河鉄道の旅に出かけるものでした。ところがその後、冒頭に学校と活版所と家の3つの場面が加筆されました。したがって、冒頭部分は学校の場面となり、ジョバンニもカムパネルラもそこで「銀河」についての授業を受けるものとなります。後に2人が乗り込む銀河鉄道での旅を「実地学習」とするならば、これは銀河の旅について学ぶ「事前学習」の場所が追加されたことを意味します[5]。

　同じく、宮崎監督の映画『ハウルの動く城』で汽車の登場が追加

されている点もまた、ソフィーの「事前学習」的な要素が追加され
たと捉えることができるでしょう。あるいは「予行演習」といった
方がよいでしょうか。これは、ダイアナさんの原作の世界から大き
く離れているというよりは、原作の世界をもとに宮崎監督が解釈し
て追加した様相がみえるのではないでしょうか。いわば宮崎監督の
アニメーション映画は「視覚的」な表現によって物語を「叙述」す
る点に、大きな特徴があるのではないでしょうか。そして、この点
は、本書の主題である〈翻案〉と深く関連していると思われます。

行間の可視化——文学作品から映像作品へ

　宮崎監督のアニメーション映画のいくつかが、国内外の文学作品
を下敷きにしてつくられていることは、ご存じでしょうか。1989年
公開の『魔女の宅急便』は、角野栄子さんによる同名児童文学の映
画化ですし、2004年公開の『ハウルの動く城』は、前述のごとくイ
ギリスの児童文学作品が原作です。そのほか、アカデミー賞（長編
アニメーション部門）受賞作の『千と千尋の神隠し』(2001)は、もと
もとは、柏葉幸子『霧のむこうのふしぎな町』の映像化に取り組ん
でいた映画でした[6]。『となりのトトロ』(1988年)は、宮崎監督が劇
場予告で発言しているように、宮沢賢治の『どんぐりと山猫』が発
想のもとでした。『崖の上のポニョ』(2008年)も宮崎監督の執筆に
よる「企画意図」において、ハンス・クリスチャン・アンデルセン
の「人魚姫」が「原作」であることがわかります。それ以外にも、
宮崎映画のあちこちで、文学作品からの引用がみえます。たとえば、

5　高橋世織「宮沢賢治「銀河鉄道の夜」〈向こう側〉のコスモロジー」（『國文學　解釈と教材
　の研究』33巻4号、1988年3月）参照。
6　『千の千尋の神隠し』における柏葉幸子『霧のむこうのふしぎな町』からの継承部分につい
　ては本書補講1を参照。

『崖の上のポニョ』の主人公の宗介は、夏目漱石『門』の主人公の宗助からの引用です。宗助が崖の下の家に住んでいることが意識されて「崖の上」のポニョとなったことがわかります[7]。したがって、これらの文学作品からなんらかの触発や影響を受けることによって、宮崎映画の〈視覚的叙述〉が生まれていることが考えられるでしょう。しかし、ここで問うべきは、これは宮崎監督の特徴なのか、ということです。

じつはこの点は、スタジオジブリを代表する高畑勲監督の初期作品にすでに見出すことができるのです。世界名作劇場の『赤毛のアン』(1979年)の第一話を取り上げましょう。

世界名作劇場の『赤毛のアン』以前にも『アルプスの少女ハイジ』(1974年)[8]や『母をたずねて三千里』(1976年)などは、高畑勲が演出、宮崎駿が場面設定、レイアウトなどを担当し、2人が協働した作品でした。『赤毛のアン』は、カナダの作家L・M・モンゴメリ(1874〜1942年)が1908年に発表した長編小説で、カナダのプリンスエドワード島を舞台に、孤児院から養子として迎えられたアンが、カスバード兄妹のもとで成長してゆく話です。駅から、マシューが率いる馬車に乗って自分の養子先であるグリーンゲーブルズに向かう途中、アンは美しいりんご並木の中を通過します。この場面について、小説『西の魔女が死んだ』で知られる児童文学作家の梨木香歩さんは、文学作品における「行間」が具現化されていると指摘します。「読書の際、行間にたゆたう気配や風の流れが、見事にすくいとられてそこにあった」と。梨木さんは、同作のテレビ放映が始まる前の宣伝(予告)をみたとき、映像化してほしくないと思った

7　本書第6講参照。
8　カルピスこども名作劇場。世界名作劇場の定義は1975年以降の作品を指すケースなど諸説ある。

そうです。文芸小説の映像化は、ほとんどの場合が熱心な読者の期待を裏切るからです。しかし、高畑勲の演出について「これをつくった人はわかってくれているのだ」と看取します。梨木さんが指摘する場面は、アンがリンゴの花の美しさに感銘した後、ふと寂しそうな表情を一瞬だけみせる箇所です。そのアンの表情の陰りに、視聴者が納得かつ共有する心情の描出をみます。これが彼女にとって魂を揺り動かされるような体験だったのだ、と。これは、先に『ハウルの動く城』でソフィーが鏡の前で、帽子をかぶった自分自身の愛想笑いと自己嫌悪の表情を想起させるでしょう。視聴者のなかには、自分も同じような心情を抱いたことがある、という人がいるかもしれません。

　高畑勲監督も宮崎駿監督も、小説を原作にして映画化する際に、文学作品における行間を可視化している様相がみえるのです。

〈翻案〉する宮崎駿
──『魔女の宅急便』　その1

〈翻案〉とは何か

　みなさんは、小説などをもとにした映像作品について、どのような評価をしていますか？　文芸作品をもとにして作られた映画は、長いあいだ研究の対象とはなりませんでした。シェイクスピアや、日本であれば、夏目漱石や森鷗外などの文豪の作品をもとにしたものであったとしても、です。カナダの文芸理論家であるリンダ・ハッチオンさんは著書『アダプテーションの理論』の中で、脚色された映像作品などが「二番煎じ」「派生物」「後追い」と呼ばれてきたこと、加えて「改悪」「裏切り」「歪曲」などの誹謗の言葉が付与されてきたと述べています[1]。脚色された作品は、正典である本家本元の作品と比較され、低い評価を受けることが多かったのです。さらにアニメーション（映画）の場合は、子ども向けの文化形態として、実写の映画よりも低い位置づけをされてきました。したがって、研究の対象にはならなかったのです。

　しかしながら、宮崎監督が「脚色」するアニメーション映画について考察するとき、原作の作品を独自の手法で発展させてゆく創造的なプロセスに、私たちはもっと目を向けてもよいのではないで

1　Linda Hutcheon, *A Theory of Adaptation,* (Routledge, 2006)（リンダ・ハッチオン『アダプテーションの理論』2012年、晃洋書房）。以下の引用も同書に拠る。

図 2-1　連載童話「魔女の宅急便」
(『母の友』1982 年 4 月号)

しょうか。それこそ、宮崎監督の独自性として。

　宮崎監督による『魔女の宅急便』(1989 年) は、童話作家・角野栄子さんによる同名の児童文学作品を大きく変更して映像化されました。とはいえ角野さんの作品自体、その成立には様々な経緯がみられます。角野さんによる『魔女の宅急便』は、最初は 1982 年から『母の友』という雑誌に「連載童話」として 12 話まで連載されました[2]（図 2-1）。1985 年には、『魔女の宅急便』という書物（単行本）として刊行されましたが[3]、そのときに、キキが故郷を飛び立つ冒頭のシーンなどが加筆されました。そして、1989 年に宮崎監督による映画公開となりましたが、角野さんはその後も童話『魔女の宅急便』の続編を書き継ぎ、シリーズは 6 巻まであります[4]。6 巻では、キキととんぼ[5]は結婚し、キキは双子の子どもの母親となっていま

2　角野栄子、連載童話『魔女の宅急便』1982〜1983 年。
3　角野栄子『魔女の宅急便』(1985 年、福音館書店)。
4　『魔女の宅急便』の 2 巻から 6 巻は 1993〜2009 年にわたって発表された。

す。

　映画『魔女の宅急便』の他のバージョンにも目を向けてみましょう。1998年にはディズニー版（通称北米版）が発売されました[6]。これは、宮崎映画の翻訳版（英語の台詞による吹替版）です。北米版のイントロダクションでは『トイ・ストーリー』の監督で知られるジョン・ラセターさんが、この映画について紹介しています。登場人物の台詞をみると、宮崎映画（日本語版）の意味とは異なった台詞もいくつか確認でき、それによって英語圏のオーディエンスが享受する映画『魔女の宅急便』の物語は、日本版と差異が生じています。これはローカライゼーションといわれ、別の箇所で詳述しますが、英語吹替の映画には監修者もいます[7]。また、2014年には清水崇監督による実写映画もつくられました。この映画を観た人たちの多くは、宮崎監督によるアニメーション映画とストーリーが異なる、と驚いたようです。清水監督による実写版は、（いうまでもないことですが）角野さんの童話をもとにした映画化であるため、宮崎映画の物語とは大きく異なるのです。じつのところ、清水監督による実写版を観て、初めて宮崎映画が角野さんの童話から大きく離れていたことに気づいた人もいました。

　では宮崎映画は、角野さんの原作童話とどのような点が異なるのでしょうか。童話『魔女の宅急便』は、13歳の主人公のキキが、魔女の伝統にしたがって「ひとりだち」の修行に出かけ、コリコの町

5　角野栄子『魔女の宅急便』の本文（地の文）では、トンボは「とんぼさん」、おソノは「おソノさん」と呼称されている。

6　ディズニーによる『魔女の宅急便』の英語吹替版は1997年に作成され、シアトルの国際映画祭で上映された後、ホームビデオ化された。

7　ディズニーによる『魔女の宅急便』の英語吹替版の制作監修者は、ペギャン・マジョイ・デブリン、声のキャスティングと演出はジャック・フレッチャー、脚色は、ジョン・センパー、ジャック・フレッチャーである。

で宅急便の仕事を始めるという話です。角野さんの童話（第1巻）は、キキの修業は1年間にわたっていますが、宮崎映画ではひと夏の話に変更されました。またアニメーション映画では、中盤以降の展開は宮崎監督が創作したエピソードが大半を占め、高齢婦人との交流や絵描きの友人ウルスラの登場、末尾の飛行船の墜落事故などが宮崎監督によるオリジナルストーリーとなっています[8]。

　宮崎監督のアニメーション映画は、大胆な脚色を行い、原作の世界から大きく逸脱している、と評されてきました。それならば、宮崎監督は、角野さんの童話を自作映画の「着想の種」としてのみ用いているのでしょうか。いや、そうではないでしょう。なぜなら、宮崎監督の映画を考察すると、角野さんの童話を掘り下げて読み、その上で自らの解釈を行っている様相がみえてくるからです。さらには、その解釈に沿って発展的に創造したアダプテーションを行っている様態もみて取れるのです。じつは、先のハッチオンさんは、アダプテーションの特色として、解釈と（再）創造の二重のプロセスがあると述べています。この創造的なプロセスに着目することによって、宮崎映画の特徴はくっきりと立ち現れるでしょう。そして、本書では、このような宮崎監督の脚色化について、そのプロセスの総体を〈翻案〉と呼びたいと思います。

　多くの場合、〈翻案〉という言葉は、外国の戯曲や小説などの作品を演劇で上演したり翻訳するときに、舞台を日本に変更して、日本風の地名、登場人物を日本人名に焼き直しただけの‘改作’として理解されてきました。したがって、〈翻案〉という言葉には、マイナスのイメージを抱く人もいるかもしれません。しかし、ここでは〈翻案〉という言葉に、肯定的な意味——原作をもとにしつつ、

8　叶精二『宮崎駿全書』（2006年、フィルムアート社）参照。

解釈におけるクリエーティビティを評価する意味を強調したいと思います。

　では、次から、角野さんの童話と宮崎監督のアニメーション映画を比較して、宮崎監督の〈翻案〉の具体的な様相を確認しましょう。

物語の冒頭──想像力と聴覚／視覚

　前述のハッチオンさんは、小説は語る形態であり読者は想像力によって虚構世界に没入する、その一方、映像については見せる形態であるため視聴者は聴覚的なものと視覚的なものに没入すると述べています。興味深いことに、この差異を表す典型的な場面が、『魔女の宅急便』の、童話および映画それぞれの作品冒頭に見出せます。

　童話『魔女の宅急便』では、初出の雑誌『母の友』連載のときには、キキはすでに宅急便の店を開業している場面から始まっていました。しかし、前述したように、書物として出版された作品では、キキは生まれ故郷にいて旅立とうとする場面から描かれています。単行本化するときに、角野さんは、修行の前にあたるキキの姿を遡及して書き加えているわけです。そして、この加筆から、角野さんが「ふつう／ふつうでない」という二項の対立を強調していることがわかります。また加筆された場面に着目すると、ハッチオンさんがいうように、読者は童話世界に没入するために、様々な感覚についての想像力を求められていることがわかります。

この町は南へゆっくりさがる坂の町で、こげたパンのような色の小さな屋根がならんでいます。
そして、町のほぼまん中には駅、ちょっとはなれたところにはかたまって、役所、警察署、学校があります。この町は、<u>どこにでもあるふつうの町のよう</u>です。

ところが、すこし気をつけて見ると、ふつうの町ではあまり見られない
ものがあるのです。
　その一つは、町の高い木という木のてっぺんにぶらさがっている銀色の
鈴です。この鈴は、嵐でもないのにときどき大きな音をだすことがある
のです。すると町の人たちは顔を見合わせて、
　「おや、おや、またちっちゃなキキが足をひっかけたね」
と笑いあうのでした。
　そう、みんなにうわさされているこのキキも、ふつうではありません。

（1　お話のはじまり）

　物語のナレーションは、深い森と草山にはさまれた小さな町の風
景を語ります。そして鳥のように上空から俯瞰する位置から、町全
体を見渡したのち、すぐさま〈鈴〉へクローズアップ。その次は
〈大きな音〉で読者の注意をひきます。その鈴によって「ふつうで
はないこと」を読者に注意させてゆくのです。続くシーンもみてゆ
きましょう。

　それでは、目を町の東のはずれにうつして、キキが住んでいる家をちょっ
とのぞいてみましょうか。
　通りに面した門の柱には、
　「くしゃみのおくすり、おわけいたします」
という木のふだがかかっていて、緑色のペンキでぬった戸が大きくあい
ています。
　（中略）
　庭には、大きな葉やとがった葉のいろいろ変わった草がきれいにならべ
て植えてあり、あたり一面に、なにかぷうんとこうばしいようなにおい
がただよっています。このにおいは家の中までつづいていて、台所にお

いてある大きな銅のおなべのところでいちばん強くにおうようです。台所からは、ちょうど居間の正面の壁が見えますが、どこの家でも見られるような絵や写真のかわりに、木の枝をたばねたほうきが、大きいのと小さいのと、二本ならべてかざってあるのが、ちょっと変わっているといえましょうか。

（同）

　映画のカメラのように、家を覗こうとするナレーター。それは、読者とともに〈木のふだ〉の文字をみます——「くしゃみのおくすり、おわけいたします」と。しかし木の札の文字からは「ふつうでない」理由はわかりません。そして、ナレーターは〈ぷうん〉という匂いをかぎます。これまで〈見る〉ことで空からキキの家、門の方へと読者を招いてきましたが、今度は〈におい〉で読者を家の中へと誘うのです。そして再び〈見る〉ことを促し、壁の箒を示しながら「ふつうではないこと」＝〈ちょっと変わっている〉点に言及します。続く本文をみてゆきましょう。

　おや、居間から家族の話し声がきこえてきました。どうやらお茶の時間のようです。
「キキ、出発はいつにするつもりなの。もうそろそろきかせてくれてもいいんじゃないの。（中略）」
不満そうな女の人の声です。
「また、その話なの……だいじょうぶよ、かあさん。あたしだってかあさんのむすめです。（中略）」
ちょっとうるさそうな女の子の声です。
「かあさん、もうキキにまかせたらどうだい。（中略）」
こんどは、おちついた男の人の声です。（中略）
もう、おわかりでしょうか。この家には、魔女の一家が住んでいるのです。

図2-2　ラジオを聴くキキ
© 1989 角野栄子・Studio Ghibli・N

　といっても、かあさんのコキリさんは、<u>長い伝統をもつ正真正銘の魔女</u>ですが、とうさんのオキノさんは、<u>ふつう</u>の人間です。　　　　（同）

　〈見ること〉から〈におい〉を担っていたナレーターは、今度は〈聴くこと〉に集中します。読者は「ふつうでない」ことを知るために、女の人、女の子、男の人の声に耳をすませます。そして、ここでナレーターは、ようやく「ふつうでない」ことの理由について種明かしします。それはキキと母親が「魔女」であること。一方でナレーターは、キキの父親・オキノについては「ふつう」の人間として、「魔女」と対称的な存在として語ります。
　では、宮崎監督による映画の冒頭はどうでしょうか。キキは湖に面した草原で寝そべって、赤いラジオから流れる天気予報を聴いています（図2-2）。ラジオの〈音〉＝聴覚に、視聴者は没入＝集中します。このラジオから伝えられる天気予報によって、キキは今夜が満月だと知り、魔女の修行に旅立つことを決心──急いで帰宅します。すなわち、視聴者は、音声による情報に集中することで、キキが修行の旅へと出発する理由を知るわけです。また、キキの家の入口に着いたとき、玄関の木彫りの看板に〈魔女にご用の方は、べ

図2-3　キキの家の看板
© 1989 角野栄子・Studio Ghibli・N

ルを鳴らしてください〉と書かれていることに気づきます（図2-3）。
宮崎映画の視聴者は、冒頭から「魔女」の存在を、事もなく受け入
れる仕組みになっています。

　まとめてみましょう。角野さんの原作は、視覚や嗅覚そして聴覚
の想像力を読者に求めながら「ふつうでないこと」＝「魔女」の表
象を慎重に描いています。魔女／人間の垣根を「ふつう／ふつうで
ない」という表現を通し描出しているのです。反面、宮崎監督のア
ニメーション映画は、冒頭部分で視聴者を聴覚に集中させる特徴が
みられ、家の入り口の看板の文字に示されるように魔女の存在は
「ふつう」である前提です。魔女と人間の垣根は、角野さんの童話
よりも低く設定された世界であることがわかります。

キキがコリコの町に降り立つ

　次に、キキが初めてコリコの町に降り立った場面を比較してゆき
ましょう。どちらの作品も、魔女であるキキは、町の人々に歓迎さ
れず意気消沈してしまいます。角野さんの原作では、キキが空から
町の通りの石畳におりると人々は驚いて立ち止まり、キキを遠巻き

図2-4　キキを注意する警官
© 1989 角野栄子・Studio Ghibli・N

にして人垣ができます。怖がる人、人の後ろに隠れる人、魔女は
〈こわいことするのよ〉〈まさか、何か悪いこと、たくらんでるん
じゃないでしょうな〉といわれてしまいます。一方、宮崎映画では、
人々はキキをみて一瞬は驚くものの、その反応ははるかに薄いもの
です。キキが〈わたし、この町に住まわせていただきたいんです〉
と笑顔を呼び掛けると人々は〈そう、気にいってもらえてよかった
わ〉とだけ言い、足早に立ち去ります。それどころか道路にとびだ
したキキに対し警察官は、

〈魔女でも交通規則は守らなければいかん〉

と注意します（図2-4）。「魔女」は、とりたてて特別な存在ではな
いのでしょう。

　再び、角野さんの童話に戻ると、キキはパン屋のおソノから宿泊
場所を提供されたとき驚いて、このように確認しています。〈でも、
いいんですか。あたし魔女なんです〉。同じ場面を、宮崎映画で確
認すると〈ほんとうですか、奥さん〉〈わたしキキです。こっちは
黒猫のジジ〉です。宮崎映画では、キキは魔女であることにひけめ
はなく、卑下している様子もみられません。

図2-5　キキの初めてのお客
© 1989 角野栄子・Studio Ghibli・N

　次に、キキに最初に宅急便を依頼するお客さんについて比較しましょう。角野さんの童話では、キキがお店を開店しようとするとき、おソノはお店の名前は〈魔女の宅急便〉がよいと提案します。しかしキキは「魔女」という言葉を冠した看板を出すことに不安を覚えます。キキの悪い予感は的中し、お客さんは1週間たっても来ません。〈あずけた品物が魔法をかけられて変わったり、なくなったりするんじゃないかっていう人がいるらしい〉と。ようやく得た最初のお客（お針子）も、次のように、魔女に対する偏見を露呈させます。

　「だけど、あんた、かわいいのねえ。あたし、魔女だっていうから、口から牙はやして、頭に角でもついているのかと思ったわよ」
　むすめさんはことばとは反対に、ちょっとつまらなそうな顔をしました。キキは思わず「ひどい！」っていいそうになって、あわてて口をつぐみました。　　　　　　　　　　　　　　　（4　キキ、お店をひらく）

　一方、宮崎映画では、お針子は〈格好いい〉デザイナーに変更され、キキをみても〈あら可愛い魔女さんね〉というのみ。彼女はキキに、躊躇なく配達を依頼します（図2-5）。宮崎監督の描く「魔

女」のキキは、「ふつうの」女の子に近づけられているようです。

　では、キキが魔女である「母親の血すじ」であることは、どのように表現されているのでしょうか。次にみてゆきましょう。

魔女の血

　角野さんの童話では、キキが魔女の血をひいていることが強調されます。たとえば、キキが初めて飛んだとき、母親のコキリは魔女の血すじであるといって喜びます。母親はキキに〈古い血すじの魔女〉であることを繰り返し説くのです。キキも、飛ぶ方法を問うおソノやとんぼに「魔女の血が流れていないと飛べない」と説明します。次の場面は、キキがとんぼと初めて出会った海岸の場面です。とんぼは、魔女の服装を着てキキの箒にまたがり飛ぼうとしたため、キキはとんぼに説明します。

> 「あたしが飛べるのは、あたしが魔女だから。つまり、ここを流れている血がちがうんです」
> キキは、じぶんの胸をとんと一つ、たたいてみせました。
> 「じゃ、血が飛ぶってわけ？」
> 男の子 （引用者注：とんぼ） は目をまるくして、キキを見つめました。
>
> 　　　　　　　　　　　　　　　　　　　　（5　キキ、一大事にあう）

　童話では、「魔女の血」は、人間と魔女との差異、つまり「ふつう／ふつうでない」の区分として重要です。一方、アニメーション映画では、キキが飛ぶのは「魔女の血」であるという設定は同じであるものの、「血」の内実は、才能や特技、技術（スキル）に近いものとなっています。

　映画では、キキがトンボとともに不時着した飛行船をみに海岸に

出かける場面があります。一生懸命になって人力飛行機のサドルを漕ぎながら飛ぶトンボは、箒で飛べるキキを羨ましがります。キキは「わたしのは仕事だもん。楽しいことばかりじゃないわ。」と答えるのですが、そのとき、トンボはキキにこういうのです。

〈そうかなあ。才能をいかした仕事だろう。ステキだよ。〉

　また、映画では、ある日突然キキの魔法が弱くなり、キキが飛べなくなるエピソードがあります。宅急便の仕事を休むことを余儀なくされたキキは、絵描きのウルスラから誘われ、森の中のウルスラの家に出かけます。夜、ランプのまわりでキキはウルスラに、魔女は〈血で飛ぶ〉のだと説明します。そのときの2人の会話は、このようなものでした。

〈うん　血でとぶんだって〉
〈魔女の血か…いいね　あたしそういうの好きよ〉
〈魔女の血、絵描きの血、パン職人の血〉
〈神さまか誰かがくれた力なんだよね　　おかげで苦労もするけどさ〉

　この場面、英文学研究者の河野真太郎さんは、カテゴリーミステイクが生じていると指摘しています[9]。その指摘の通りでしょう。魔女の血が「血統」だとすれば、絵描きの血は「才能」を受け継ぐ点では共通部分があります。しかし、パン職人の血となると、技術（スキル）を磨く意味合いが強くなり、魔女の「血」がイメージするものと大きく離れてしまうでしょう。すなわち映画では、「血統」の要素が薄くなっているのではないでしょうか。その点で、角野栄

9　河野真太郎『戦う姫、働く少女』(2017年、堀之内出版)。

図2-6　飛べなくなったキキが草むらで飛ぶ練習をする
© 1989 角野栄子・Studio Ghibli・N

子さんがふつう／ふつうでないという二項対立的に示した人間と魔
女のあいだの隔たりからは、宮崎映画が大きく離れていることがわ
かります。

　映画では、飛べなくなったキキが、草むらの斜面を走って飛ぶ練
習をする場面もみえます（図2-6）。これは、まるでスポ根（スポー
ツ根性もの）のアニメ——主人公が血の滲むような特訓を繰り返すこ
とで成長を遂げるジャンル——のパロディなのではないかと思わせ
ます。キキが飛ぶことは魔女の「血」というよりも、練習を繰り返
せば飛べるような印象を与えているからです。

　角野さんの童話では、キキが「魔女」である事実（ファクト）は、人間に対す
る垣根として設定されている一方で、宮崎映画では、キキが「魔
女」である属性は「飛ぶこと」以外は見受けにくいものとなってい
ます。この点、英米文学研究者の藤森かよこさんは、宮崎映画は
「ふつうの女の子、たまたま飛べる女の子の幼い初恋の物語」と述
べます[10]。角野さんの童話と比較すれば、宮崎監督は「魔女」性を
払拭したキキを設定したといえるでしょう。では、宮崎監督は、な
ぜこのような魔女像を描き出したのでしょうか。ここでは、日本に

おける「魔法少女」の文脈を視野に入れることが必要でしょう。

　西洋史の文脈からみれば、元来「魔女」はキリスト教文化圏において男性中心システムから逸脱した女性を邪悪なものとみなし、排斥の対象とした呼び名でした。15世紀にフランスの百年戦争で活躍したジャンヌ・ダルクは、勝利をおさめているときには褒め称えられましたが、状況が悪化したときには、当時の女性のイメージから逸脱した「活躍ぶり」が異端視され、魔女裁判で火刑に処されました。ネガティヴなイメージだった魔女は、時代を経るにしたがって、大衆文化の中で、醜悪な魔女（ディズニー『白雪姫』の継母など）と善良な魔女（ディズニー『シンデレラ』の妖精のゴッドマザーなど）に分化され、またシチュエーション・コメディの *Bewitched*（邦題『奥様は魔女』1964〜1972年）ではチャーミングな主人公として登場するなど、そのイメージは多様化してゆきました。そして日本ではテレビアニメシリーズを通して、特有のイメージが発展します。カルチュラル・スタディーズ論の須川亜紀子さんは、日本のアニメーションにおける「魔法少女」については魔法が少女というフェミニニティ、純粋性、かわいらしさなどのイメージと結びつき、ガールヒーローとして用いられてきたと述べています[11]。宮崎監督は、東映動画の魔法少女ものの第1作である『魔法使いサリー』（1966年12月〜1968年12月、全109話）に原画の担当で参加しています。この点を視野に収めれば、テレビアニメで制作された「魔法少女」における「魔女」の設定に自覚的であったと考えられるでしょう。宮崎監督は、「魔法」とは「少女たちの願望を実現するための手立て」に過ぎないと述べているからです[12]。宮崎監督が表現するキキの姿には、角野さんが描く

10　藤森かよこ「フェミニズムから見る『魔女の宅急便』──「他者」としての魔女（原作）と人間化された魔女（アニメ）──」（『児童文学研究』27号、1994年11月）。
11　須川亜紀子『少女と魔法──ガールヒーローはいかに受容されたのか』（2013年、NTT 出版）。

キキ像とは異なった狙いがあると考えることの方が適切ではないでしょうか。

　そのため、宮崎監督は、キキを地方から都会にやってきた働く女性に重ねたと述べています[13]。だからこそ、映画では「暮らすって物入りね」という台詞やショウウインドウに飾られた赤い靴を羨望の眼差しで見入る場面を加えているのです。このような場面は、角野さんの童話にはなく、宮崎監督が独自に付けた主人公像——都会で働く現在の若い女性の姿が重ねられています[14]。しかし、その一方で、宮崎映画を観てみると、キキには、都会で働く女性というよりはむしろ、13歳という同世代の女の子としての葛藤が見受けられます。それはどうしてなのでしょうか。

12　宮崎駿「KIKI　今日の少女たちの願いと心」(『出発点1979〜1996』1996年、徳間書店)。
13　前掲「KIKI　今日の少女たちの願いと心」。
14　切通理作『増補決定版　宮崎駿の〈世界〉』(2008年、筑摩書房)。

解釈と再創造
──『魔女の宅急便』 その2

キキはどのように町の人々と交流するのか

　ここでは、魔女としてのキキが、町の人々とどのように交流してゆくのかという観点から、原作童話と宮崎映画を比較してみましょう。原作も映画も、魔女は13歳になると自分の家を離れ一人暮らしを始める設定です。キキと町の人々との交流が描かれる点も共通しています。しかし、その交流を阻む原因は異なっています。角野さんの童話では、キキがいかに「人間」を受け入れてゆくのかに重点が置かれています。それに対して、映画では、キキが「働いている」ために、同じ世代の子どもたちとの交流が難しいことを描いているようです。それぞれみてゆきましょう。

　角野さんの童話では、キキが修行に発つ前、母親がキキにいくつかのことを助言します。魔女には遠慮が必要なこと、おとなしく、ひかえめであるように、と。しかし、キキは母親に対して〈あたしはね、ひとになんていわれるか、いつも気にして生きるのはいやよ。やりたいことはどんどんやってみたいわ〉と言い返します。しかしながら、コリコの町で宅急便のお客が来ないと知ると、魔女に向けられた偏見に傷つきます。その偏見は、そもそも人々が魔女について知らないからだと考えます。

　「あたし、悲しいわ。どうして魔女は悪いことをするって決めちゃうの？」

図3-1　風船につなげた絵で自分を「宣伝」するキキ

角野栄子『魔女の宅急便』（2002年、福音館書店）の挿絵

（中略）

「ほんとうなの、知らないのよね。もともと魔女は悪いことなんてしていないのよ。変わったことはしたかもしれないけど……人間って自分で理解できないことは、かんたんに悪いことにしちゃったのよね。」

（4　キキ、お店をひらく）

　キキは町の人々に魔女について知ってもらうため、〈宣伝〉をします。それは、風船を使い、キキとジジが描かれた絵（「世界一美しい黒」）を町の上空で運びながら、町の人々に自分たちの存在をみせる／知らせる方法でした。この絵は商売目的ではない〈宣伝〉を意味していたのでしょう（図3-1）。なぜなら、キキは1年間の修行から生まれ故郷の町に帰ってきたとき、次のように母親に告げているからです。

　「かあさん、あたしちょっと考えたんだけどね、魔女はね、ほうきにばかり乗って飛んでちゃいけないんじゃないかって思うのよ。そりゃ、おとどけものはいそぐから、飛ぶのはしかたがないけど……でもときどきは歩いたほうがいいんじゃないかしら。だってほら、歩くといろんな人といやでも話すことになるじゃない？　おソノさんに会えたのも歩いていた

からだし……（中略）おたがいわかりあえると思うの……」

（11　キキ、里帰りする）

　キキは、魔女である自分が人間と交流しようとすることが重要である、と学んだようです。この点からみえてくるのは、魔女と人間の交流こそが、角野さんの童話の主題の１つになっていることでしょう。

　付け加えれば、魔女の修業の意味は、童話と宮崎映画で異なっています。童話では、キキの１人暮らしは〈ひとつでも多くの町や村に、そしてひとりでも多くの人に、魔女がまだちゃんといることを知ってもらうため〉の方法となっています。魔女が生き残るために。したがって宅急便の報酬は金銭ではなく〈おすそわけ〉という設定です。キキはいいます。

> 「お、す、そ、わ、け、です。あたしたち魔女は、このごろではそうやって暮らしているんです。あたしたちができることでお役にたてて、そのかわり、みなさんのものをすこしわけていただいて、こういうの『もちつもたれつ』ってもいうんです」。　　　　（4　キキ、お店をひらく）

　魔女の修行は、魔女と人間が相互に助け合うこと、交流することが目的なのでしょう。キキの生まれ故郷の町では、〈おすそわけ〉によって魔女と人間が〈もちつもたれつ〉暮らすことができていました。この魔女の存在をメタファーとして敷衍するとき、マイノリティはいかにマジョリティと交流できるのか、という問いに繋がってゆくでしょう。キキが偏見を受けている点を鑑みれば、白人文化圏を中心化したときの有色人種の存在が示唆されてくるかもしれません。「ふつう」＝人間と「ふつうでない」存在＝魔女との交流が

図3-2 スーパーで買い物するキキ
© 1989 角野栄子・Studio Ghibli・N

描かれていることは、角野さんの『魔女の宅急便』には異文化圏の相互交流についての問題意識が底流していると考えることができるでしょう。

　一方、宮崎映画では、キキの修業は、宅急便という職業でキキがいかに「ひとり立ち」をするかに重点が置かれています[1]。したがって、労働の報酬による経済的自立は、1つの要素としてクローズアップしてきます。そもそも宮崎監督が角野さんの原作童話に着目したのは、わずかな才能を頼りに都会で働く少女の自立と葛藤を丁寧に描いている点でした。〈マンガ家を夢見る少女が、単身大都会に出てくるおもむき〉を見出したのです[2]。したがって、前述のように、スーパーで買い物したキキは出費に戸惑っていますし（図3-2）、ショウウインドウの赤い靴に見惚れる場面（図3-3）のように、都会の誘惑も描き出されています。また、病気で寝込んだときには、おソノさんに「わたし　このまま死ぬのかしら」と気弱な台

1　「プレスシート」（スタジオジブリ編集責任『スタジオジブリ作品関連資料集Ⅲ』（1996年、徳間書店）。
2　前掲「KIKI　今日の少女達の願いと心」。宮崎監督の発言は、以下も同資料を参照。

図3-3　ショウウインドウに飾られた赤い靴に見入る場面
© 1989 角野栄子・Studio Ghibli・N

図3-4　病気で寝込んで不安になるキキ
© 1989 角野栄子・Studio Ghibli・N

詞をはくなど（図3-4）、1人暮らしゆえの不安を描き出しています。
そして、ここで注目されるのは、キキの友人・絵描きのウルスラで
す。角野さんの童話では、様々な職業の女性たちが登場し、その中
で絵描きさんも登場しますが、ワンオブゼムに過ぎません。一方、
宮崎監督のアニメーション映画では、絵描きのウルスラは、キキの
親友のような立ち位置です。では、ウルスラがキキの親友となるの
は、どのような理由なのでしょうか。それは、ウルスラが絵描きと
いう職業を持つ者（＝労働する者）であり、その点でキキと親和的な
要素があるからではないでしょうか。第2講で述べたように、宮崎

映画では、ウルスラの台詞として〈魔女の血〉と〈絵描きの血〉
〈パン職人の血〉を並置していました。〈魔女の血〉というのは、角
野さんの童話においては、ふつう／ふつうでない、人間／魔女を区
別する決定的な要素です。しかし、宮崎映画では、才能やスキルに
近いものでした。すなわち、絵描きであるウルスラとキキとの交流
に着目すると、映画『魔女の宅急便』は、「魔女／人間」とは異な
る区分から魔女と人間の交流について考察することが可能です。

　絵を描くことは魔法と変わらない「才能」と、ひとまずは捉える
ことも可能です。実際、宮崎監督はこの映画における魔法の扱いに
ついて〈等身大の少女たちのだれもがもっている、何らかの才能を
意味する限定された力〉と述べています。しかし、魔法＝才能とい
う点だけからは、なぜキキが、ウルスラ以外の——同じ世代の子ど
もたちとの交流が困難であるのか、みえてきません。むしろ映画で
は、キキが修行＝「働いている」ために、気に入った洋服の着用を
我慢している場面が注意されるでしょう。

　町の通りで、華やかな洋服を身に着けた子どもとすれ違うとき、
キキは暗い表情をみせます。そして、「もうちょっとステキな服な
らよかったのにね」という台詞。海岸にトンボと出かけたときも、
仕事を理由にトンボの友人たちと飛行船内の見学を断ります。また、
キキはパン屋の店番をしているとき、自分と同じくらいの少年と少
女がバイクに相乗りして出かける場面を目で追っています（図3-5）。
このバイクの相乗りのシーンの少女は、エレガントな帽子と白いワ
ンピース（図3-5）。この場面は、少女が身に着けている洋服が重
要です。なぜなら、映画『魔女の宅急便』の映像台本を参照すると、
映画に活かされなかった場面として、キキは、エレガントな洋服と
愛らしい靴を身に着けた少女に「素敵ねェ…」とため息をついてい
るからです[3]。これは、キキの心のうちにある働いている自分への

図3-5　店番中に、少女が少年と出かける姿を眺めるキキ
© 1989 角野栄子・Studio Ghibli・N

図3-6　店番中に働く女性に目を移すキキ
© 1989 角野栄子・Studio Ghibli・N

引け目、気後れのような感情の〈視覚的叙述〉となっています。な
ぜなら、その直後の場面では、キキの目線は、「カッコイイ」デザ
イナー＝働く女性に移っているからです（図3-6）。

　ここではキキによる、自分の服装への引け目から働く女性にむけ
た羨望への転化が注目されます。単に服装の悩みではなく、「働く
／働いていない」のカテゴリーがキキの中にあるのだという解釈が

3　『映像台本　魔女の宅急便　決定稿』(1989年)

図3-7　トンボと自転車に相乗りするキキ

© 1989 角野栄子・Studio Ghibli・N

できるからです。決定的であるのは、海岸に不時着した飛行船をみる
ため、キキとトンボが出かけた場面です——補足すれば、人力飛行機
の機関部で相乗りして出かける2人が、店先で眺めていたバイクで相
乗りした少年少女の反復になっている点も興味深いです（図3-7）。

　海岸で2人で話しているとき、キキはトンボの仲間とともに飛行
船内を見に行くことを提案されます。しかしその途端、キキは態度
を硬化させその誘いを断るのです。なぜでしょうか。その場面の同
年代の女の子たちの台詞は次のようなものでした。

〈あの子しってる、宅急便やってる子よ〉

〈へえ、もう働いてるの〉

〈たっくまし～い〉

　一方、角野さんの童話ではどうでしょうか。童話では、キキが同
じ世代の少女と交流する場面がみられます。宅急便を頼みにきたミ
ミという少女です。当初、2人の交流は「魔女／人間」の差によっ
て阻まれます。ミミは、〈魔女ってきいていたけど、何も知らない

のね。同じぐらいの女の子はみんな、そういうこと（筆者注：カエル がとびだす贈りものをすること）して遊ぶものだって思っているの？〉 とキキ＝「魔女」に対抗意識を持ちます。しかし後に、ミミはキキ と仲良しになり、当初抱いた感情を次のように吐露します。

「（前略）ここにたのみにきたら、年も同じぐらいなのにあなたがとてもお となっぽくきれいに見えたんですもの。とたんにどうしたわけか負けら れないっていう気持ちになっちゃって。ごめんなさい。……**魔女さんと あたし、おたがいに似ているみたい。気があいそうね**」

（7　キキ、ひとの秘密をのぞく）

　角野さんが描くキキとミミとの交流を参照するとき、宮崎映画で は、「働いている／働いていない」という区分により、キキは同じ 世代の輪＝コミュニティに参加できなかったことがわかります。

　この点を踏まえると、宮崎映画では、末尾のエンドクレジットの 場面で、興味深いシーンがあることが注目されます。キキが同世代 の子どもたちと交友関係を広げている様子が描かれているからです。 広く知られているように、宮崎監督のアニメーション映画のエンド クレジットでは、本編の「後日談」が示されることが多く、『魔女 の宅急便』のエンドクレジットでは、本編中で妊娠しているおソノ の子どもが生まれ、黒猫のジジも子猫の父親となります。そして、 キキはトンボに寄り添って飛び、同じ世代の子どもたちと共にいる のです。この場面について、社会学者の上野千鶴子さんは興味深い 指摘をしています。キキがトンボのガールフレンドとしてその共同 体に参入していることが仄めかされている、と[4]。なるほど、この 短い場面では、キキはずっと人力飛行機で飛ぶトンボに寄り添って いるショットが続いています。

図3-8　カウンター越しで女の子と話し込むキキ（エンドクレジット）
© 1989 角野栄子・Studio Ghibli・N

　とすれば、宮崎映画の主題は何なのでしょうか。ここでは、アニメーション映画が独自に描いていた「働いている／働いていない」の垣根が、トンボとカップルになることによって無効化していることがわかるでしょう。エンドクレジットでは、キキはウルスラではないショートカットの少女とカウンター越しで世間話をしている場面もみえます。キキが肘をついていることから、キキはその少女に対して、リラックスしていること――2人のあいだにもはや壁がないことが〈視覚的叙述〉で語られています（図3-8）[5]。ショートカットの少女は、キキが町に舞い降りてきた翌日、通りですれ違った少女でした。同世代の少女であるため、キキは表情を硬くして彼女たちの脇を通り過ぎています（図3-9）。その少女は、海岸でトンボに飛行船内の見学に誘われたとき、車の中から「へぇもう働いてるの」という台詞を口にしてもいました。

4　上野千鶴子「なぜキキは十三歳なのか？」（『ジブリの教科書5　魔女の宅急便』2013年、文藝春秋）。
5　絵コンテには、「キキ、友人の少女が遊びに来てる」という書き込みがある（『スタジオジブリ絵コンテ全集5　魔女の宅急便』2001年、徳間書店）。

図3-9　町で同世代の少女たちとすれ違う
固い表情をするキキ

© 1989 角野栄子・Studio Ghibli・N

　後日談で、キキがトンボのガールフレンドになることが仄めかさ
れること——これは、宮崎監督にとって意図的な演出なのでしょう。
なぜなら映画の冒頭で、キキは旅立ちを早める理由をこう述べてい
るからです。

〈ステキなボーイフレンドが現れたらどうするの？　それこそ**出発**できや
しないわ〉

　キキがボーイフレンドを持つことが伏線として早くも示されてい
ました[6]。宮崎監督は、「恋」が「働いていない」同世代の子ども
たちとの垣根を乗り越えるファクターとなり得ることを描いたので
はないでしょうか？　これは『魔女の宅急便』の映像台本を参照す
ることで、より明確になるようです。
　宮崎監督は、シナリオ（脚本）ではなく、絵コンテで発想するこ

6　北米版『魔女の宅急便』では、キキが旅立ちを見送りにきた友人に良い魔女になるために修
　行をすると宣言する場面があるが、友人の1人から "Be sure to tell that boys" と茶化され
　ており、キキがボーイフレンドをみつける伏線が一層強くなっている。

とが知られています。ただし『魔女の宅急便』まではシナリオを書いていたといわれます。興味深いことに、映像台本では、映画『魔女の宅急便』とは異なるエンディングの風景がみえます。トンボを助けようとしたキキの箒が砕け、トンボはキキを抱いてかばいながら落下するのです。無事テントの上に落ちるものの、空中で抱き合っていることに気づき、2人は慌てて離れる——というものです。ここには、2人の恋愛の風景が垣間みられるでしょう。しかし、映画では、周知のように、キキがトンボを救おうとして魔法を取り戻し、キキの手が——奇跡的に——落下中のトンボの手をキャッチできた、という話になりました。すなわち、映画では、"人を好きになることは様々な障害を乗り越えることを可能にする"ことをテーマとして描いていることがみえてきます。

　これは、まさに『ハウルの動く城』の原作者・ダイアナ・ウィン・ジョーンズさんが宮崎監督が映画にこめたと述べるテーマと一致しています。

　私の原作そして映画に込められたメッセージは、誰かを深く愛すると素晴らしいことが起こるということ。
　すごいことを達成できる。何があっても乗り切れるんです。
　私も宮崎監督もね。人や物を深く愛せば素晴らしいことが起きるんです。
　一種の魔法と言えるでしょう。[7]

〈翻案〉における想像力——普遍性と独創性

　宮崎監督の脚色を考察してゆくと、アニメーション映画を作る際に、映画の観客（オーディエンス）に向けてアピールするように原作童話を作り変え

7　ダイアナ・ウィン・ジョーンズによる2004年12月のインタビュー。

ている様相がみえます。では、そもそも、宮崎映画にとって「原作」はどのように位置づけられ、どのように捉えられているのでしょうか。

　第1に、「原作」は、映画作品との関係性を観客に向けて公表するものになるでしょう。「原作」の作品名が公表されると、その童話や小説の愛読者たちは（映像メディアに興味はない読者層だったとしても）、映画に関心を寄せることでしょう。逆に「原作」に興味がなかった人々によって、原作童話や小説への着目が生まれます。

　第2に、宮崎映画にとって「原作」は、監督（または制作者）の想像力をスパークさせるための触発剤となっている様子がみえます。しかし、慌てて付け加えなければならないのは、宮崎監督は作品を丹念に読解した上で、自らの想像力を「発酵」させていることが伺えることです。決して、設定のみを借用しているのではありません。

　一例をあげましょう。宮崎監督は、『となりのトトロ』（1988年）の制作時に、この映画の制作のきっかけとして、日本の童話作家・宮沢賢治の童話『どんぐりと山猫』をもとにしている、と発言しています。その際、宮崎監督は、小さいころに読んだ『どんぐりと山猫』の本の挿絵にあった山猫は、自分が想像した山猫の姿と異なっていた、と述べています。宮崎監督は『どんぐりと山猫』を読み、イメージを膨らましていることがわかります。みなさんは、『となりのトトロ』の、猫バスの顔を思い出せるでしょうか。宮沢賢治は山猫について〈にゃあとした顔〉と記していますが、宮崎監督は、その顔を猫バスの表情に活かしたのではないでしょうか（詳細は第12講を参照）。

　宮崎監督の、原作からの想像力について、脚色という観点を視野に入れて、より詳しくみてゆきましょう。宮崎映画『魔女の宅急便』は、角野栄子さんの原作を映画の中でどのように位置づけてい

るのか、またどのようなモチーフが継承され、いかなる展開をして
いるのか。結論を先取りすれば、宮崎映画は、（当然のことながら）原
作を単に設定の流用、もしくは着想の種にしているのではありませ
ん。原作についての解釈と（再）創造という二重のプロセスが看取
されます。いわば宮崎監督は、ハッチオンさんが述べる解釈的創造
を行っているようです。

　『魔女の宅急便』の映画制作において、原作者の角野さんが宮崎
によるアニメーション映画化に難色を示したことは知られています。
絵コンテ（シナリオ化）が進むにつれて自らの童話の世界から予想以
上に乖離したと感じたのでしょう。アニメーション史研究家の原口
正宏さんは〈宮崎作品は、たとえ原作を得たとしても、その原初的
なイメージからはかけ離れてしまうことが多い〉と述べています[8]。

　自作の童話世界から逸脱してゆく宮崎監督の映画制作に抵抗した
角野さんと対照的に、『ハウルの動く城』の原作者である、イギリ
スのファンタジー作家のダイアナ・ウィン・ジョーンズさんは、宮
崎監督による映画制作を歓迎しました。アニメーション映画『ハウ
ルの動く城』も、『魔女の宅急便』と同様、別作品のように物語は
大きく異なります。

　ではなぜダイアナさんは宮崎映画を喜んで迎えたのでしょうか。
ダイアナさんは宮崎監督と対面したときの驚きを、インタビューで
こう述べています。「彼は他の誰よりも私の本を理解してるって
ね」[9]。

　第1講でも引用したこの発言は、ダイアナさんの原作童話の装丁
をみることで明らかとなります。ダイアナさんが童話でイメージし

8　原口正宏「児童文学が原作の初の外部企画作品「魔女の宅急便」（前掲『スタジオジブリ作
　品関連資料集Ⅲ』）。

9　2004年12月収録。

図3-10　2001年版（左）と2008年版（右）の *Howl's Moving Castle*（ペーパーバック版）の装丁（Greenwillow Books）

た城は〈細長く石炭でできた〉ものでした。もともとの装丁は、その城のイメージが活かされたものでした。しかし宮崎監督は、その城の造型を大きく脚色します。そしてダイアナさんは、宮崎映画の公開後、宮崎監督が脚色した城を自らの書物の装丁に採用しているのです（図3-10）。

原作に準拠し発展させる──解釈と（再）創造

　大胆な脚色を行い、原作の世界から大きく飛翔しているようにみえる宮崎監督のアニメーション映画ですが、『魔女の宅急便』では、宮崎監督は「原作作品を掘り下げて解釈し、その解釈の要素をオリジナルに追加して原作の世界に再配置する」という興味深い様相がみえます。具体例を示すことで、その様相は明瞭になるでしょう。ここでは、2つの事例を取り上げたいと思います。①トンボの設定、②赤ん坊のおしゃぶりの登場です。本講では、1つめのトンボの設定に着目しましょう。

　角野さんの童話は、「魔女／人間」の垣根を慎重に描き出しました。しかしながら、キキと親しくなるとんぼについては、キキを一般的な「魔女」の括りでは捉えない──「女の子」の範疇でみてい

ることに気づきます。

　絵描きさんがキキをモデルにして絵を描いたところ、その絵を目にしたとんぼは、次のように発言します。

　それは、暗い空を背景に、黒いドレスの魔女と猫が、浮きあがるように描かれていました。その黒い色のつややかで美しいこと、キキはあらためて自分のスカートを見つめました。
「目がちがうな」
しずかにしていたとんぼさんが、とつぜん横から不満そうにいいました。
「どうちがうの？」
絵描きさんははじめてとんぼさんに気がついて、びっくりしながらいいました。
「どうしてって……、もっと、くるんとしてかわいいよ。キキさんのは……」
「あら、そのほうがよかったかしら。魔女の雰囲気をだそうとしてみたんだけど……」
絵描きさんは、へんな顔をして、とんぼさんを見つめました。

（6　キキ、ちょっといらいらする）

　絵描きさんは、〈魔女の雰囲気〉を出そうとしてキキを描きました。その絵をみたとんぼは〈目がちがう〉と反論。とんぼは、キキを〈魔女〉のカテゴリーではなく1人の女の子としてみています。一方、絵描きさんは、キキを〈魔女〉としてみないとんぼに釈然としません。この場面では、とんぼの中に、独特なパーソナリティがあることが示されているでしょう。さらにいえば、キキがのちにとんぼに対して心を通わせてゆく理由も先取りされているといえるでしょう。実際、角野さんは『魔女の宅急便』のシリーズにおいて、

第5巻で2人の恋の成就を描き、第6巻では2人が夫婦となって暮らす様子（双子の子どもがいる家庭）を描きます。これらは宮崎映画の公開後に執筆されたわけですが、これらの2人の成り行きを見届けた上で、遡って映画の原作となった第1巻を読んでみると、興味深いことに、童話にはキキの父親ととんぼに共通する要素が描かれていることがわかります。キキの父親は〈ふつうの人間〉ですが〈民俗学者で、妖精や魔女についての伝説や民話を研究している人〉です。とんぼはどうでしょうか？　海岸で初めて出会うキキから、箒どろぼうと間違えられたとき、とんぼは次のように答えます。

「まさか、ちがうよ。研究のためなんだ」
男の子（引用者注：とんぼ）はすこし抗議するように、口をとがらせました。
「研究って？」
キキはきんとした声をはりあげました。
「そんなにどならないで。今、いうからさ。じつはぼくたち、この町で飛行クラブっていうのやっているんだ。自分の力でなんとか飛ぼうって考えるものの集まりなんだよ。（中略）それから空とぶ魔女のほうきの研究」
　　　　　　　　　　　　　　　　　　（5　キキ、一大事にあう）

　角野さんの童話において、キキの父親オキノは「妖精や魔女についての伝説や民話を研究」、とんぼは「空とぶ魔女のほうきの研究」をしています。ともに魔女に関連した〈研究〉をし、魔女の存在に理解を示す人物として設定されているようです。この設定を角野さんの童話で読んだときに、宮崎監督は、どのようなことを見出したのでしょうか。
　仮説を立ててみましょう。なぜなら、角野さんが描いた父親の設定と酷似した設定が――興味深いことに、前作である映画『となり

46

図3-11　北米版『となりのトトロ』のパッケージ
ロジャー・イーバートの文章が引用されている

のトトロ』に見出せるからです。

　サッキとメイの父親である草壁は、大学で考古学を〈研究〉します。この職業が設定された理由は——草壁をトトロの存在を信じる大人とするためだったのではないでしょうか。この父親の職業設定についての理由——考古学者である必然性を見出せなかったケースとして、アメリカの映画批評家のロジャー・イーバートさんの発言を参照しましょう。ロジャーさんは『となりのトトロ』を "one of the most beloved of all family films without ever having been much promoted or advertised（宣伝されないまま、家族向け映画で最も愛される映画の1つとなった）" と高く評価しました[10]。彼のこの評言は、北米版（ディズニーによる英語吹替版）『となりのトトロ』のDVDパッケージの帯にも採用されました（図3-11）。その一方でロジャーさんは、批評家のロバート・プラモンドンを引用しつつ、父親の草壁が、大人であるにもかかわらず子どもの心の中にのみ存在するトトロを肯定していることに疑問を呈します。ロジャーさんは、

10　Roger Ebert（2001/12）"My Neighbor Totoro"（オンライン版：https://www.rogerebert.com/reviews/great-movie-my-neighbor-totoro-1993 最終閲覧日：2020年9月10日）.

そこに日米の文化差を想定するのですが、ここではむしろ、父親が考古学の〈研究〉をしている設定こそ視野にいれることが適切でしょう。いわば、父親は考古学の研究者であるため、クスノキの精霊（？）としてのトトロの存在を肯定するのです。

　宮崎監督は、父親の職業に、トトロの存在を肯定する理由づけを表現しました。したがって宮崎監督は、角野さんの童話において父親およびとんぼが魔女についての〈研究〉をしている設定を、容易に見出していたと予想されます[11]。というのは、宮崎監督は――これも興味深いことに――映画化に際して、キキの父親とトンボの共通点を追加しているのです。その理由は――宮崎監督は角野さんの童話を読んだとき、次のように予想したのではないでしょうか。キキの父親と同じように、魔女にまつわる「研究」をしているとんぼは、キキの父親と同様、将来は魔女（キキ）と夫婦になるはずだ、と。そして、ここで宮崎監督は、原作に準拠し発展させること、いい換えれば、原作に準拠した要素（父とトンボの共通点）を追加して、映画作品の中に再配置しているのです。宮崎監督が追加した、父親とトンボの共通点を２つ、確認してみましょう。

　１つめ。映画では、修行の旅に出かける前のキキをみて、父親はこういいます。

〈母さんの若い頃によく似てる…〉

　この台詞は、映画でオリジナルに追加されています。これは、キキの父親はキキの母親が〈この町〉に降りてきた頃から知っている、

11　アニメーション映画『魔女の宅急便』において、キキの父親が「妖精や魔女のついての伝説や民話を研究している民俗学者」であることは、劇場版パンフレット、『アニメージュ』1988年12月号に記されている。一方、清水崇監督による実写版『魔女の宅急便』の映像台本（決定稿、2014年）では、「地質学の研究に夢中のオキノ」と記されており、「研究」では一致しているものの「魔女」との関連性はない設定である。

図3-12　絵コンテ　トンボが町に舞い降りるキキを見上げる
(『スタジオジブリ絵コンテ全集5 魔女の宅急便』2001年、徳間書店)© 二馬力

という事実を伝えるものでしょう。なぜなら、この父親による台詞の直前は、薬を受け取りにきた女性・ドーラが、キキの母親に向かって、次のような台詞を口にする場面だからです。

　〈あなたがこの町にきた日のことを よーくおぼえてますよ〉
　〈13歳の小さな女の子がほうきにのって空から降りて来たわ〉

　ドーラの台詞の後に、キキの父親が13歳のキキをみて母親の若いころを思い出すシークエンスが続くのは、偶然ではないでしょう。エンドクレジットでも、キキからの手紙を読むのはキキの父親と母親、そしてドーラの3人。ドーラがキキの両親と近い位置にあることが示されています。
　そして着目されるのは、宮崎映画では、コリコの町に降り立つキキの姿をみるトンボの姿が追加されていることです。絵コンテには、

　〈町でたむろしているトンボ達も目でおう〉

と記されています（図3-12）。

　宮崎映画では、キキの父親もトンボも、魔女が空から町に降りて

図3-13　キキの父親
眼鏡をかけていない。
(前掲『魔女の宅急便』の挿絵)

きたことを目撃する設定に変更されているのです。一方、角野さんの童話では、とんぼがキキと出会うのは、キキが海水浴に出かける場面。第1巻の第5章まで、とんぼは登場しません。宮崎映画における脚色は、宮崎監督が、キキの父親のようにトンボも〈若い頃〉からキキを知っている設定に変更したこと、キキの父親とトンボの共通部分を増やしていることを証します。このことは、逆にいえば、宮崎監督が角野さんの原作童話(『魔女の宅急便』第1巻)から、キキとトンボが後に夫婦になることを予想した——その後の物語の伏線を読み取ったことを示していることになるでしょう[12]。

　2つめの共通部分をみてみましょう。宮崎映画では、キキの父親とトンボの相貌が似せてあります。童話でも、トンボ（とんぼ）は眼鏡をかけた少年として登場します。参考までに、角野さんの童話

12　角野栄子の『魔女の宅急便』では、様々な登場人物とそのエピソードが描かれるが、キキは里帰りしたときに〈あの橋の上でいっしょうけんめい手をふってくれた姿がいつも心のどこかにのこっていて〉と、とんぼのことを思い起こしている。

図3-14　キキの父親
(宮崎駿『魔女の宅急便』)
© 1989 角野栄子・Studio Ghibli・N

　の初出『母の友』でもとんぼは眼鏡をかけた設定ですが、藤原潤子さんによる挿絵(「連載童話6」352号1982年9月)では、とんぼは眼鏡はかけていません。しかし、キキの父親については、童話では、その相貌についての言及はみえず、福音館書店の単行本の挿絵(林明子、佐竹美保)では、眼鏡をかけていません(図3-13)。しかし、アニメーション映画では、眼鏡をかけて父親がトンボに似せてあり、父とトンボの共通点が強まっています(図3-14)[13]。

　以上の点に限りません。宮崎映画では、ほかの場面でも、原作に準拠した解釈をオリジナルに追加して再配置しています。次の講でみてゆきましょう。

13　藤森かよこ「フェミニズムから見る『魔女の宅急便』」(前掲)は、宮崎映画におけるキキの父親とトンボの相似性について「恋の相手が父親似であることは、その物語が父権の支配、影響を肯定しているからではないのか」と疑問を呈している。

〈原作に準拠しつつ添加した脚色〉と実写映画版、北米版

——『魔女の宅急便』 その3

「赤ん坊のおしゃぶり」の継承と再配置

宮崎監督のアニメーション映画は、大胆な脚色を行い、原作の世界から大きく逸脱させるといわれてきました。しかし、宮崎監督の脚色の手腕については、これまでほとんど注目されてきませんでした。前講で考察してきたように、宮崎映画においては、原作である角野さんの童話を掘り下げ、解釈している様相が確認できます。宮崎監督の脚色を一言で表すなら、〈原作に準拠しつつ添加した脚色〉＝〈翻案〉となるでしょう。そして同様な脚色の手腕は、「赤ん坊のおしゃぶり」の事例でもみることができます。

大学でアニメーション映画『魔女の宅急便』について講義をしていると、映画の末尾に登場する黒猫のジジの「声」について、学生からたびたび質問を受けます。キキは魔法が回復して飛べるようになったのに、なぜ相棒のジジの声を依然として聞くことができないのか、と。結論を先にいえば、ジジが「ライナスの毛布」であったためです。この点については、指摘している批評家、研究者もいますので明らかなことだと思われます。ここでは、「赤ん坊のおしゃぶり」に着目することで、「ライナスの毛布」の観点から宮崎監督の〈翻案〉のプロセスを辿ってゆきたいと思います。

角野さんの童話では、キキがパン屋のおソノと初めて出会ったとき、お客の忘れた赤ん坊のおしゃぶりを届ける場面があります。お

図4-1 『ピーナッツ』に登場する
ライナス少年
毛布を持ち、おしゃぶりをしている
（テレビアニメ公式サイトからの引用
https://www.tv-tokyo.co.jp/anime/
peanuts/sp/chara/index.html）

ソノはいますぐそれを届けたいと思いますが、妊娠中で大きなお腹。
翌朝に届けるという夫に対し、おソノはいい返します。「たかがお
しゃぶりっておっしゃいますけどねえ、赤ちゃんにしてみりゃたい
せつなものよ」「かわいそうに、今夜あの子は、ねむれないわ」。

　この場面は、宮崎監督のアニメーション映画でも映像化されてお
り、みることができます。その際、宮崎監督は、この「おしゃぶ
り」を精神分析用語でいう「移行対象」——いわゆる「ライナスの
毛布」として解釈しているようです。おしゃぶりは乳幼児が愛着を
寄せて安心感を得るアイテム。米国の漫画『ピーナッツ』に登場す
るライナス少年が肌身離さず持ち歩いている毛布がこれにあたりま
す（図4-1）。

　「ライナスの毛布」は、精神的な成長に従って使用頻度が減り、
そのアイテムは手放されることになります。ライナス少年が親指を
おしゃぶりするのは、精神的な未熟さが表されています。ここで興
味深いのは、宮崎監督が、角野さんの童話におけるジジの設定も
「ライナスの毛布」であると読み込んでいることです。

　アニメーション映画の後半で、キキがジジの話す声を理解できな
くなる場面があります。同時にキキは飛べなくなるため、一見した

図 4 - 2 　宮崎監督の絵コンテ 　『魔女の宅急便』の末尾のジジ
ジジは、ナ〜ッと猫の声のままであることが記される
（前掲『スタジオジブリ絵コンテ全集 5 魔女の宅急便』）© 二馬力

ところ、ジジの声が聞こえなくなるのは、キキの魔法が弱くなった
ためであるように思われます。しかし、作品の末尾では、キキは箒^{ほうき}
で飛べるようになり、時計塔に飛行船ごと衝突したトンボを救い出
すため、キキの魔法は回復したようにみえる──にもかかわらず、
キキはジジと会話ができません。その場面の、宮崎監督による絵コ
ンテには、次のような書き込みがみえます。ジジが「ナ〜ッ」と鳴
き声をあげた後です。キキは心の中で

　「やっぱり（引用者注：ジジの）言葉はもどらない、でも、いいか…。ほほ
　えみ、ほおずりするキキ、ジジは完全な猫になってる」（図 4 - 2 ）

　このシーンは、ジジがキキにとって「ライナスの毛布」であった
こと、そしてキキが精神的に成長して、ジジの存在が不要になった
ことを宮崎監督が描いたのではないでしょうか。一方、角野さんの
原作では、キキが精神的な要因によって、ジジの声がわからなくな
る場面はありません。ジジが友だちの白猫と猫言葉で話し続けた結
果、言葉遣いが奇妙になる場面はシリーズの第 5 巻（『魔法のとまり

木』）に登場しますが、一過性のものです。

　しかし、角野さんの童話の冒頭では、ジジの設定について次のような説明があります。魔女の母親は、女の子が生まれると、同じ時期に生まれた黒猫を探して一緒に育てる。そのあいだ、女の子と黒猫は2人だけのおしゃべりができるようになる。ひとり立ちする女の子にとって、この猫は大切な仲間となり苦楽を分ち合う心強い存在となる、と。そして、この説明は、次のように続くのです。

　　やがて女の子も成長し、猫にかわるようなたいせつな人ができ、結婚ということになると、黒猫も自分のあいてを見つけて、わかれて暮らすようになるのでした。
　　　　　　　　　　　　　　　　　　　（1　お話のはじまり）

　魔女の女の子が成長したとき、黒猫と別れて暮らすようになること——宮崎監督は、角野さんの原作における赤ん坊のおしゃぶりのエピソードを「ライナスの毛布」と解釈し、さらに同じく原作に描かれていたジジの設定も「ライナスの毛布」であると読み取ったのではないでしょうか。すなわち、宮崎監督は、キキの精神的自立を描く要素として、ジジの設定に脚色を加え、「赤ん坊のおしゃぶり」として再配置したことがわかるのです。この事例は、宮崎監督による読解の確かさ、および脚色の手法の1つとして捉えることができるでしょう。原作の世界を継承し、その要素を再配置してゆくこと、いわば〈原作に準拠しつつ添加した脚色〉として評価することができるのではないでしょうか。ここに宮崎監督の〈翻案〉の真骨頂をみることができるかもしれません。
　　　　　　　　　　　　　　　　＊
　次からは、宮崎映画における〈翻案〉から視点をずらして、映画以降に公開された別バージョンの『魔女の宅急便』をみてゆきたい

と思います。取り上げるのは、実写版と英語吹替版ですが、この2つを取り上げ比較すると、宮崎監督の脚色がどのような視座を持っていたのか、逆に照らし出されます。

実写映画版の応答
──童話世界の復権とアニメーション映画への応答

　　この物語は
　　【魔女】の存在が信じられている
　　東洋のある町でのお話しです

　2014年に公開された清水崇監督の実写版『魔女の宅急便』の冒頭は、このような字幕から始まっています。【魔女】という言葉が、「魔女」ではなく、地の文に置かれた語でもなく、隅つき括弧で括られているのは、魔女という語に特別な意味が担わされているからでしょう。というのも、実写版の『魔女の宅急便』は、下記のような事情を考慮するとき、「魔女」の描かれ方について興味深い作品でもあるからです。

　『魔女の宅急便』について、各作品の発表経緯をおさらいしましょう。角野さんは1985年に『魔女の宅急便』の単行本（第1巻）を発表しました。第1巻をもとにした宮崎監督によるアニメーション映画は、1989年に人口に膾炙します。角野さんは、アニメーション映画のヒットののち『魔女の宅急便』の続編（第2〜6巻）を2009年まで執筆し、特別編も書きました。そののち、2014年に清水崇監督の実写映画『魔女の宅急便』が公開されました。つまり、清水映画は、宮崎映画の公開からほぼ25年後であり、また、宮崎映画とは異なり『魔女の宅急便』の続編のシリーズも「原作」となっている

ことがわかります。脚本は奥寺佐渡子さんですが、キャストとして原作者の角野さんがナレーションを担当。作中でもパンを受け取る客としてカメオ出演します。

清水映画に角野さんが出演しているという事実は、清水映画の中に"宮崎映画の脚色への応答^{レスポンス}"としての側面も見出せそうです。なぜなら前述したように、人々に広く知れ渡った宮崎監督のアニメーション映画は、映画制作が進むにつれて、角野さんが難色を示していたからです。結果として、スタジオジブリによる角野さんへの説得や、挿絵画家の林明子さんとともに角野さんがスタジオを訪れたことで、アニメーション映画化の実現へと至りました。しかし、だからこそ、清水映画における角野さんの参加は興味を喚起させています。

以下、清水映画の『魔女の宅急便』に着目することで、同映画が角野さんの児童文学をどのように‘復権’させたのか、あるいは宮崎駿の脚色にどのように応答したのかを探ってみましょう。

少なからぬ数の観客は、清水映画を観て、宮崎映画との‘乖離’に戸惑ったようです。実際、私自身も学生から、実写版はなぜ宮崎版と大きく異なるのかという質問を何度も受けました。その際には、清水映画は、宮崎映画の「リメイク」ではない、と答えています。そして、宮崎映画では原作童話からの脚色の度合いが大きかった、と付言します。では清水映画では、角野さんの童話世界をどのように‘復権’しているのでしょうか、また、宮崎映画の影響は、清水映画に見受けられるのでしょうか。

まず、原作童話への‘復権’について確認しましょう。

清水映画で特筆すべき点は、角野さんの童話で見受けられた魔女としてのキキの属性を強く打ち出したことでしょう。角野さんの童話では、冒頭から「ふつう／ふつうでない」という言葉を繰り返し

用いながら、魔女と人間のあいだにある垣根を読者に意識させていました。またキキが降り立ったコリコの街で「魔女」として差別される場面を描いていました。一方宮崎映画では、「魔女」という属性は、飛ぶこと以外にはほとんど見受けられないものとなっていました。そして、同じ世代の子どもたちからキキが差別化されるのは、キキの労働という要素のためでした。宮崎監督自身、角野さんの童話に着目した理由として「わずかな才能を頼りに都会で働く少女の自立と葛藤を丁寧に描いている点」をあげています。そして、宮崎映画は、宅急便という職業でキキがいかに「ひとり立ち」をするかという点に力点が置かれました。

　その一方で清水映画は、キキを怒りっぽい少女として描き、さらに「魔女」ゆえの葛藤を描いている点で、角野童話が描く「魔女」の属性を引き継いでいるといえるでしょう。

　キキが動物園に寝泊まりした朝、魔女という理由だけで園の飼育員から「二度と来るな」と物をぶつけられていますし、魔女が「呪いを運ぶ」者として町中の人々から差別を受ける場面もみえます。したがって、英米文学研究者の藤森かよこさんが指摘するように、角野さんの童話原作が、キキの「魔女」の属性を設けることによって「魔女という異人と人間の交通の物語」を描いたのだとすれば、清水映画はこの主題を継承しているのでしょう。付言すれば、清水映画では、キキが生まれ育つ場所として、東洋の村の崖っぷちに立つ家の設定もみえます。少数民族の存在を喚起させており、レイシズムの問題が垣間みられます[1]。また続編の『魔女と宅急便3　キキともうひとりの魔女』に登場した歌手「タカミ・カラ」の物語が、

1　『映像台本　魔女の宅急便　決定稿』(2014年) では「どこかの国──山あいにある小さな村に、雪が舞っている。点在する民家や、枯草の間を吹き抜ける風。」という設定である。

図4-3　コリコの町に初めてやってきたキキをとんぼがみる
（清水崇『魔女の宅急便』）

映画の主軸の1つとして描かれている点も、角野さんの童話世界の復権としてみることができます。

　では、宮崎監督のアニメーション映画からの影響は見受けられるでしょうか。もっとも注目されるのは、清水映画が、童話の第1巻には見受けられなかった、キキが飛べなくなる場面を描いている点でしょう。宮崎映画では、キキの魔法が弱くなり、飛ぼうと練習しているうちに箒も折れてしまうのですが、箒が折れる場面も清水映画は映し出しています。児童文学研究者の奥山恵さんが指摘しているように、角野さんの続編では、宮崎映画のヒットの後に、宮崎監督が描いた「飛べない」問題を随所に描いています[2]。したがって、清水映画の飛べなくなる場面は、宮崎映画の影響を受けた角野さんの続編の影響下にあるといえます。そのほか、とんぼの初登場の場面の変更や、とんぼがつくるプロペラ式の人力飛行機の設定に、宮崎映画の影響が見受けられます。清水映画では、角野さんの童話とは異なり、キキがコリコの町に初めてやってきて上空を飛んでいる場面をとんぼが目にしているからです（図4-3）。また、ぬいぐる

2　奥山恵「「飛ぶ／飛べない」をめぐって──『魔女の宅急便』のアニメ化とシリーズ化」
　　（『日本児童文学』62巻5号、2016年）。

みではなくジジ自身が森で行方不明になる設定や、突風を告げるラジオ放送、噴水のある階段に座りながら落ち込む場面など、清水映画の随所に宮崎映画へのオマージュが見出されます。

実写映画の独自性

　以上、アニメーション映画と童話、実写映画の往還を確認してきました。それでは、清水映画の独自性はどのようなものなのでしょうか。

　清水映画『魔女の宅急便』については、日本の実社会の感覚に近づけた、よりリアルな世界を構築しようとした演出が指摘できるでしょう。典型的な場面をみましょう。角野さんの童話および宮崎映画には、キキが修行の旅に出発する前、キキの父親がキキを抱きかかえる場面があります。この場面を読む／観ると、宮崎監督はキキと父親の関係を（敢えて）理想化して描出しているようですが、清水映画ではキキが「恥ずかしい」と発言しています。現実の13歳の女の子としての反応を描いているのでしょう。また、清水映画では、キキが最初に受けた仕事の依頼は、連続して宅急便以外の仕事でした。最初の依頼は、とんぼからのもの。しかし届け物ではなく、キキの「飛行技術」をみたかっただけでした。8ミリカメラで空を飛ぶキキを撮影し、ストップウォッチでタイムを測るのです。2つめはクリーニング店の洗濯機の修理でした。そのとき、クリーニング店の女性は、魔女であれば「魔法でなんでもしてくれるのでは？」と口にしています。すなわち、魔女が町に来たと知ったとき、人々は、宅急便の運び屋としてではなく、「魔女」としての能力（飛ぶこと、魔法）に期待したのです。これは、「童話の絵空事ではない世界で、生きている人を描きたい」という清水監督の意図に適合したものでしょう。したがって、とんぼは、キキに対して魔法をインチキ

呼ばわりをするなど、作品中盤まで反抗的な態度で接します。彼は
宮崎映画よりもぶっきらぼうなキャラクターに変更されています。

　キキの造型についても、現実の社会に存在するような、リアルな
少女の姿をみせています。角野さんが童話で描いたような「魔女」
と人々との不協和音を担保しつつも、大嵐の中でずぶ濡れになりな
がら、必死で荷物を運ぶ姿が印象的に表現されるのです。宮崎映画
でも、キキはずぶ濡れになりながらニシンのパイを運びますが、清
水映画では同じずぶ濡れの表現でも、同情を誘うほどの痛ましいキ
キを映し出し、アニメーションとは異なるリアリティが作動してい
ます。ここには、清水映画から宮崎映画への応答をみることができ
ます。

北米版はいかに変更されているのか──原作の召喚

　では、もう1つの『魔女の宅急便』の脚色はどうでしょうか？
北米版（ディズニーによる英語吹替版）を検討してみましょう。

　〈翻訳〉というのは、いうまでもなく、ひとつの文化体系から別
の文化体系へと変換する際に、ことばの帰属場所を見出してゆくコ
ミュニケーション行為になります。文化や言語、メディアを越えて
横断し、新たな文化環境へ適合させてゆきます。その際、〈翻訳〉
した側のイデオロギーが露わになることもあるでしょう。その一方
で、複数の作品の共存──インター・テクストが交響する場となる
こともあるのではないでしょうか。なぜなら、『魔女の宅急便』の
北米版は、宮崎映画をもとに〈翻訳〉が行われていますが、宮崎映
画の底本である角野さんの童話に、図らずも接近しているからです。
ここでは、このような視点も含めてみてゆきましょう。

　『魔女の宅急便』の英語版とアルバニア語版の比較を試みたアニ
メーション研究者のバロリ・アルバナさんは、エドワード・T・

ホールの「ハイコンテクスト文化」と「ローコンテクスト文化」の考えを導入して論じています。ハイコンテクスト文化とは言葉以外の暗黙の了解事が多い文化、ローコンテクスト文化とは前提となるカルチャーの知識がなくても比較的コミュニケーションが容易である文化を指します。アルバナさんは、『魔女の宅急便』の北米版には、宮崎映画（以下、日本語のオリジナル版を指す）よりも、内容やメッセージが補足されていると述べています[3]。ハイコンテクスト文化である日本語から、ローコンテクスト文化である吹替の言語に〈翻訳〉する作業となるためです。「ハイコンテクスト文化」「ローコンテクスト文化」についての概念の有効性については、現在では疑問も出されていますが、ここでは１つの視点として参照してみたいと思います。というのも、日本語の対話の中では、特有の共通文化への依存度が高い場合や、文化的な背景が前提とされ会話がすすめられるケース、行間を読むことが求められるケースがあるからです。いくつかの場面を取り上げてみましょう。

　キキは、高齢の婦人から、孫娘の誕生日のために得意料理のニシンのパイを届けるように依頼を受けます。キキが婦人宅に到着すると、オーブンが故障しており、パイは焼けていません。婦人は依頼をキャンセルするものの、予定通りの謝金をキキに渡そうとします。そのときキキは、〈奥様　わたしまだちょっと時間があるんです〉と発言します。これは、北米版では〈ほかに仕事はありませんので、なにかお役に立てるかと思います〉[4]という台詞へ変更されました。キキの〈時間がある〉という言葉における含意を、英語吹替では「お手伝いの提案」であると明確に説明しているのでしょう。この

3　バロリ・アルバナ「異文化とアニメーションの受容──『魔女の宅急便』の比較研究」（『表現文化研究』14号、2018年３月）。
4　以下、北米版の日本語訳は著者に拠る。

ような吹替は、日本語の特徴に拠るものとして一般化できるでしょう。貨物列車に乗る場面やキキが町に降り立ったときの人々の台詞の変更にも、同様な理由が認められます[5]。

　しかしながら『魔女の宅急便』の北米版の特徴をあげれば、"宮崎映画のわかりにくさ"を埋め合わせる意図もみえてきます。これは、北米版から逆に照らし出される宮崎映画の特徴となるのでしょう。次に詳しくみてゆきましょう。

　まずは、台詞で説明を加えてわかりやすくしている場面です。キキがトンボと人力飛行機の基幹部に乗って海岸に出かけた場面では、トンボの仲間の1人がキキをみて〈あの子しってる、宅急便やってる子よ〉といいます。しかし、この台詞を口にした人物のみを画面がクロースアップすることはありません。画面は、トンボの仲間の全体を映し出したままです。したがって、宮崎映画では、その台詞を口にしたのが、ニシンのパイを届けるも冷たい応対をした婦人の孫娘であることはややわかりづらいです。一方、北米版では〈彼女は、私の誕生日に私の家に宅配をしてくれたよ〉という台詞に変更されています。婦人の孫娘であることを明示するのです。

　次に、台詞を加えて伏線を追加したり、物語の整合性を図っている場面をみましょう。映画冒頭では、キキが草原で寝転んでいます。宮崎映画では、ラジオから天気予報と生鮮食品市場のニュースが流れていますが、北米版ではそのラジオの放送に、飛行船の通過についての質問が相次いでいることが追加されています。いわば北米版は、映画のクライマックス（末尾）にある飛行船の事故の伏線を冒

5　北米版では、貨物列車に乗り込むときに〈入口がとても小さい〉という台詞に変更し、貨物列車に苦労して入り込んだことを明示する。また列車内での休息について〈（びしょぬれになった服が）乾くまでここで休もう〉と具体的である。キキが町に降り立ったときは、町の人の台詞に〈（じゃあね）、さよなら〉を付け加え、魔女についての無関心さを強調している。

頭で書き込んだのでしょう。さらにラジオの放送では、DJの台詞として、今晩は美しい満月が夜空を照らすから何か特別なことをするなら今晩だよ、という文言も追加されました。この台詞の追加は、キキの旅立ちの"水先案内"の役割を果たすものとなっています。

　ほかに、対話や発言の整合性が高められている場面をみましょう。キキと相棒のジジ、絵描きのウルスラとの対話をみる限り、宮崎監督は、台詞を通して登場人物の持ち味（性格）を表現しているようです。そのため正確な意味では、返事や言葉のやりとりとなっていない──台詞のキャッチボールとなっていない場面も散見されます。しかし、北米版では、対話の成立や、台詞の文脈を一致させることが優先されているようです。たとえば、キキがトンボが誘ってくれたパーティに参加するため、雨の中、仕事先から急いでパン屋に戻ろうとする場面をみてみましょう。

　ジジは〈パーティもう間に合わないね〉とキキに伝えます。この台詞は、北米版では〈まだ時間があるかもよ〉とキキを労わる台詞に変更されています。なぜでしょうか。これは、すぐ後の場面で、パーティに参加しようとするトンボをみつけたがジジが、〈いまならまだ間に合うよ〉というためでしょう。（続く）ジジの発言に呼応して一致させたものだとわかります。いわば物語の論理を先行させているのです。ほかの場面もみましょう。

　キキの最初の宅急便の仕事は、ジジにぬいぐるみを装ってもらうものでした。そのため、仕事の帰路では、ジジは疲労困憊しています。その場面のキキとジジの会話は次のようなものでした。

〈（キキ）まだ体おかしい？〉

〈（ジジ）お腹へったー〉

〈（キキ）ほんとねーわたしもクタクタ〉

〈（キキ）でもステキな一日だったわ〉

　キキもジジも、それぞれ自分の気持ちを吐露するばかりです。一方、北米版では、

〈（キキ）おなか減った？〉
〈（ジジ）いや、疲れたよ〉
〈（キキ）私も、本当に疲れた〉
〈（キキ）私たちは二人とも今晩ぐっすり眠れるよね〉

　と２人の会話のキャッチボールが優先されています。ジジというキャラクターは、キキに対して斜に構え、物事を冷静に捉えるところに持ち味があります。したがって、宮崎映画においてはジジやキキの対話に違和感はそれほどありません。しかし、北米版では「自然な」やりとりが優先されています。
　次にウルスラとの対話をみてみましょう。ウルスラから絵が描けなくなった話を聞いたキキは、

〈わたし魔法ってなにか考えたこともなかったの〉
〈修行なんて古くさいしきたりだって思ってた…今日あなたが来てくれてとてもうれしかったの…。わたしひとりじゃ…ただジタバタしてただけだわ〉

　と発言しています。一方、北米版では、

〈なぜ飛びたいのか、あまり考えたことはなかったわ。修行に夢中になっちゃって。私自身のインスピレーションを見つけなければいけないわ〉

と、変更されています。北米版では、2人の就寝の場面でも、キキの台詞は自分がもう一度飛べるようになるかと問うものに変わり、ウルスラの返事は、〈もちろん、然るべきインスピレーションが得られるまで待てばいいのよ、わかった？〉です。一方、宮崎映画では、キキが今後もウルスラの家を訪ねてよいかと問い、それに応えたウルスラの台詞のみ。いわば北米版では、ウルスラの台詞がキキに新たな目標を促すものとなっているのです。宮崎映画のプロットは、キキがウルスラの小屋の滞在ののち、飛ぶ力を取り戻すものです。したがって北米版における変更は、キキがウルスラとの交流を通じて自分の魔法を取り戻すきっかけとなった理由を書き加えたことがわかるのです。それに対して、宮崎監督による台詞は、悩みをかかえ傷ついた13歳の少女が、心のうちを表出できずに言葉少なげな姿が表現されているといえるのではないでしょうか。

＊

　ここで1点、興味深い事象について考察しましょう。北米版が、翻訳元の宮崎映画ではなく、角野さんの童話のテーマへと近づいている点です。キキがトンボと人力飛行機で海岸へ出かけ、そして帰宅した場面です。

　トンボとキキは、海岸に到着したのちには、親しく会話をします。そこで、キキは通りかかったトンボの仲間たちと一緒に飛行船の船内を見学に行こうと誘われます。しかし、前述の通り、トンボの仲間たちはキキが働いていることを揶揄します。トンボから誘われても、キキは〈行かない。さよなら〉と1人で帰宅してしまいます。宮崎映画では、下宿に戻ったキキは、ベッドになだれ込みながら、次のような独り言を口にします。

　〈ジジ…わたしってどうかしてる〉

〈せっかく友だちができたのに、急に憎らしくなっちゃうの〉
〈素直で明るいキキはどこかへ行っちゃったみたい〉

この場面、北米版では、次のような台詞に変更されました。

〈JIJI, I think something's wrong with me.〉
〈I meet a lot of people, and at first everything seems to be going okay.〉
〈But then I start feeling like such an <u>outsider</u>. You should have seen how Tombo's friends looked at me.〉

　宮崎監督は、キキがトンボの仲間に加わらなかった理由を、働いていない同世代への嫉妬の感情として表現していました。一方、北米版は、キキは「アウトサイダー」になったような気持ちであることを告げています。補足すれば、宮崎映画では1人怒って帰宅するときのキキの台詞についても〈怒ってなんかないわ　わたしは仕事があるの　ついてこないで〉でしたが、北米版では〈I'm not mad at all, Tombo. I have a lot on my mind. So, please, just leave me alone（トンボ、私は怒ってなんかいないわ。私は考え事がたくさんあるの。だからほっといてちょうだい。）〉に変更されています。北米版では「仕事がある」という具体的な理由が削除されており、その代わりに、キキの心に蟠（わだかま）りがある理由へと変更されています。すなわち、北米版は、宮崎がアクセントを置いていた「働く／働いていない」という垣根以外のものを想定しています。それはキキが「魔女」であることではないでしょうか。
　北米版について改めて検討してみましょう。パン屋のおソノは、初めてキキが飛翔するのをみたとき〈しばらく、夢をみているかと

思ったわ〉とキキが「魔女」である事実が信じられない様子でした。おソノは、その後〈あなたは修行中の魔女ではないか〉といいます。「魔女」であることを再確認するのです。一方、宮崎映画で同場面を見ると〈おどろいちゃったよ　あんた空とべるんだね〉とおソノの驚きは希釈されています。そののちの2人の対話をみても、キキが魔女であることは、2人の交流において特段のファクターとなっていません。すなわち北米版は、宮崎映画と比べて、キキが「魔女」である点に垣根を設けています。赤ん坊のおしゃぶりを受け取った母親の伝言をみても、キキが〈本当に特別〉な存在＝「ふつうでない」というニュアンスの反応が追加されています。しかし、宮崎映画では、おしゃぶりを受け取ったサインのみとなっています。

　絵描きのウルスラについてもみてゆきましょう。キキと初めて出会って魔女の修行について耳にしたとき、北米版でのウルスラは、

〈完全に独立して魔女になるために。すごい〉

　という驚きの反応をみせます。一方、宮崎映画では、

〈いいね、わたし、そういうの好きよ〉

という個人的な嗜好を口にするに過ぎません。

　まとめてみましょう。北米版では、キキが「魔女」である点を特別なこととして描いており、これは「魔女／人間」の垣根を描いた角野さんの童話の世界に近づいているといえるでしょう。なぜなのでしょうか。日本ではテレビアニメシリーズによって魔女（魔法少女）は、視聴者にとって親しく近しい存在でした。しかし、北米版——〈翻訳〉される文化圏においては、「魔女」のイメージは、「アウトサイダー」に近いことが理由の1つとなっているのではないでしょうか。また、北米版において角野さんの「魔女／人間」の垣根

が召喚された要因を考えるとき、宮崎映画が角野さんの童話を脚色していること——先行する複数のテクストを内包していることも想定されるでしょう。ここでは、先行する複数の作品——インター・テクストの交響がみえてくるといえるでしょうか。

　脚色された作品と向き合うとき、私たちはもはや特定の作品を選び出し「原作」として確定することのできない状況に向き合うことになるのかもしれません。

宮崎駿版「人魚姫」

——『崖の上のポニョ』と地政学　その１

舞台を公表しないこと

　この講では、『崖の上のポニョ』を取り上げてゆきます。前講まで取り上げてきた〈翻案〉についても検討してゆきますが、ここでは、映画の舞台を取り巻く状況や、同作が、あたかも東日本大震災を予知するかのような作品となっていることを主軸にお話ししたいと思います。

＊

　『崖の上のポニョ』は2008年に公開されました。主人公は、崖の上の一軒家に住む５歳の少年の宗介。「崖の上」「宗介」という設定をみたとき、日本の小説に詳しい人なら、何か気づくかもしれません。この設定は、夏目漱石の小説『門』が下敷きになっていることを喚起させています。『門』は夏目漱石の初期三部作である『三四郎』『それから』『門』のうち、最後の小説になります。詳しい考察は後に譲りますが、『門』の主人公は「宗助」。「崖の下」に住居を構えています。

　映画のストーリーを確認しましょう。宗介は、ある日クラゲに乗って家出してきたさかなの子・ポニョに出会います。宗介に助けてもらったポニョは宗介と交流し、お互いのことが好きになります。ポニョの父親はフジモトという人物で、かつては人間でしたが、いまは海の住人となっています。付言すれば、このフジモトの来歴は、

興味深いものです。宮崎監督は、フジモトをジュール・ヴェルヌ (Jules Gabriel Verne 1828〜1905年) の SF 小説『海底 2 万里』(1870年) に登場する少年の生き残り――ネモ船長の潜水艦・ノーチラス号に乗った唯一のアジア人の少年だったと述べています。『天空の城ラピュタ』の映画パンフレットにも「SF の始祖ジュール・ヴェルヌの活躍した時代」という言葉がみえる通り、宮崎監督は、ジュール・ヴェルヌの小説を通じて想像力を発揮させています[1]。

父親のフジモトは、宗介からポニョを奪い海に連れ戻します。しかし、宗介に会うため人間になりたいポニョは、妹たちの力を借りて父親の魔法を盗み出し、人間の女の子になって人間の世界へ向かいます。そのとき、ポニョによって危険な力を持つ生命の水が撒き散らされたため、海の世界の混乱が、宗介たちの住む町を大洪水で水浸しにしてしまいます。

このプロットをみると、『崖の上のポニョ』は、クリスチャン・ハンス・アンデルセンの『人魚姫』が下敷きになっていることに気づくでしょう。それは、宮崎監督による同作の「企画意図」にも記されています。

　　海に棲むさかなの子ポニョが、人間の宗介と一緒に生きたいと我儘をつらぬき通す物語。同時に、五歳の宗介が約束を守りぬく物語でもある。
　　アンデルセンの『人魚姫』を今日の日本に舞台を移し、キリスト教色を払拭して、幼い子供達の愛と冒険を描く。
　　海辺の小さな町と崖の上の一軒家。少ない登場人物。いきもののような海。魔法が平然と姿を現す世界。誰もが意識下深くに持つ内なる海と、

1　フジモトが生命の水を貯蔵する場所では、扉に1905年という年代が書き込まれているが同年はヴェルヌの没年にあたる。

波立つ外なる海洋が通じあう。そのために、**空間をデフォルメし**、絵柄を大胆にデフォルメして、海を背景ではなく主要な登場人物としてアニメートする。[2]

　この企画意図では、２つの点に着目したいと思います。一つは、アンデルセンの『人魚姫』。この作品が下敷きになっていることは、宮崎監督によって発言されているため明らかです。しかし、大学生の世代の人たちであれば、アンデルセン童話の『人魚姫』よりも、ウォルト・ディズニーの『リトル・マーメイド』(1989年) のストーリーを熟知しているのかもしれません。というのは、みなさんは『人魚姫』のエンディングをどのようなものと認識していますか？もし人魚姫と王子さまが幸福な結婚を迎える話のイメージが強いとすれば、それはディズニーの映画の影響を色濃く受けたものになります。アンデルセンの『人魚姫』は、愛する王子と結婚することが叶わず、海に身を投げて泡となるという悲しいエンディングを迎えます。王子は隣国の姫と結ばれます。人魚姫は姉たちから、王子を刺してその返り血を浴びれば再び人魚の姿に戻れるといわれますが、王子を殺すことができませんでした。一方、ディズニーの『リトル・マーメイド』は、人魚のアリエルが王子と結ばれるハッピーエンディングに変更されました。そのため日本での公開当時 (1991年) は、この改作が大きな話題になりました。

　宮崎監督が『崖の上のポニョ』をハッピーエンドにして描いたのは、人魚姫は魂がないから最後に泡になるというキリスト教的な考え方が許せなかったためといいます[3]。また、ポニョが宗介の指の

2　宮崎駿『折り返し点 1997〜2008』(2008年、岩波書店)。
3　宮崎駿「『崖の上のポニョ』のすべてを語る」(『ぴあ』2008年7月24日号)、『ジブリの教科書15　崖の上のポニョ』(2017年、文藝春秋)。

図 5-1　ディズニー　シリー・シンフォニー『人魚の踊り』（1938年）と
『崖の上のポニョ』のポニョの妹たち
© 2008 Studio Ghibli・NDHDMT

血を舐める——怪我を治すというのは、人魚姫が王子の返り血を浴びるというアンデルセンの童話を反転させていることもわかります。しかし、『崖の上のポニョ』は、企画意図で言及するアンデルセンの『人魚姫』のほか、同じくハッピーエンディングを迎えるディズニーの『リトル・マーメイド』を参照することが、妥当かもしれません。というのも『崖の上のポニョ』のオープニングの部分——海の中で夥しいクラゲの群れが漂い、大王イカが発光しつつ頭上を通り過ぎてゆく中でポニョが妹たちから離れ、父親の目を盗んで抜け出して宗介に出会うまでの場面——は、ディズニーの初期のアニメーションのシリー・シンフォニーのシリーズ『人魚の踊り』（1938年）へのオマージュとなっていることが注目されるからです（図5-1）。主題歌が始まるおよそ４分半のこの間は、台詞はほとんどなく〈視覚的叙述〉となっています。付言すれば、この場面で見受けられる、水中から水面を見上げるフジモトの視線やフジモトを捉える架空の視点の交差は、宮崎監督が愛読する宮沢賢治の童話『やまなし』（1923年）で描かれた、川底の蟹の視線や川の流れの横断面から視察している架空の視線を想起させています。『やまなし』では水面や水中を見上げたり、まわりを見渡したアングルから水面に向けて流れてゆく泡が斜めにのぼってゆく情景が描出されるのです

が、「つうと銀のいろの腹をひるがえして、一疋の魚が頭の上を過ぎて行」く場面は、ポニョの父親が頭上を発光しながら通り過ぎてゆく大王イカに目をとめるシーンと通じ合っているでしょう。

　企画意図において２つめに注目したいのは、空間をデフォルメしているという点です。この映画は、全編手書きで描かれました。オープニングのクレジットの場面の映像は、手書きであることを魅せる映像となっているようです。さらに、宮崎監督は、このように発言しています。

　水平線はまっすぐだっていうふうに思わなくていい。自分たちの生きているところにまっすぐなものはないから。特に島には、まっすぐな道路もなければ、家を見るとみんな歪んでるんですよ、古い家だから。だからまっすぐを定規で描かなきゃいけないみたいなことは、この世界では初めから捨ててよろしいってアニメーターや美術に言いました。[4]

　この発言は、『崖の上のポニョ』の映画舞台について示唆するものとして受け取れます。実は、『崖の上のポニョ』の舞台がどこであるかについては、スタジオジブリは公式に発表していません。また、舞台とされている福山市もまた、『崖の上のポニョ』の舞台だと発言していません。みなさんは、アニメ聖地巡礼という言葉をご存知でしょうか？　アニメーションの舞台や映画監督の故郷（出身地）となる市町村が、当地が作品の舞台であると積極的に PR して観光客を誘致するケースは多いです。たとえば鳥取県北栄町は、『名探偵コナン』の原作者・青山剛昌さんの出身地で「名探偵コナンに会えるまち」となっています。最寄り駅の由良駅は「コナン

4　宮崎駿『続・風の帰る場所』（2013年、ロッキング・オン）。

図5-2 『崖の上のポニョ』で描かれた「新浦」
© 2008 Studio Ghibli・NDHDMT

駅」となり、駅から青山剛昌ふるさと館までは「コナン通り」であり、コナン関連のブロンズオブジェが17個も設置されています。鳥取空港も「鳥取砂丘コナン空港」と名づけられました。しかし、福山市は『崖の上のポニョ』の舞台であると公言しません。どうしてなのでしょうか。

映画舞台の地政学

映画『崖の上のポニョ』のシーンを辿ってゆくと、地形を特定させる景観がくっきりと描出されていることに気づきます。(図5-2)。『崖の上のポニョ』の映画パンフレットを確認すると、「崖の上のポ

図5-3　鞆の浦（著者撮影）

ニョ舞台之図」として「新浦周辺」という名称でスケッチが掲載されています。映画制作当初に描かれたもので、完成した映画とは若干異なる部分があると記されていますが、「新浦」のモデルは2004年にスタジオジブリが社員旅行で訪ねた広島県福山市の鞆の浦でしょう。現地を知る人にとって同映画は、鞆の浦を彷彿させるものであり（図5-3）、作中で宗介が立ち寄るスーパーには「2TOMO」という看板も登場しています（図5-4）。2005年には宮崎監督は2ヶ月ほど鞆の浦の崖の上に位置する一軒家を借りて滞在し、同映画の構想を練ったといわれています。しかし映画公開直後の新聞記事（『産経新聞』2008年9月24日）を参照すると、ポニョの舞台をめぐり鞆の浦で論争が起こっていることがわかります（図5-5）。ニュースによれば、福山市は「（映画制作関係者が）鞆の浦が映画の舞台とは断言していない」として舞台公表による誘客に二の足を踏んでおり、一方ジブリの側は「映画のモデルとなった場所を特定すればファン

図 5-4　宗介が立ち寄るスーパー
「2TOMO」という文字がみえる
© 2008 Studio Ghibli・NDHDMT

図 5-5　『産経新聞』2008年 9 月24日付　※無断転載を禁じます

　が殺到して迷惑をかける」と回答しています。また、地元では港の
一部を埋め立てて橋を架ける計画に反対運動が起こっていることか
ら「（市には）埋め立て計画に全国から注目が集まるのを避けたいと

いう思いがあるのでは」という地元NPOの発言を報道しています（2008年9月23日配信）。

この記事と合わせて着目したいのは映画の公開から遡ること2年、2006年10月24日の読売新聞の記事です（図5－6）。見出しは「鞆保存、作るぞ基金」。関連記事は他にもいくつかありますが、これらの報道は、瀬戸内の景勝地・鞆の浦の町並みを保存しようと宮崎駿監督、大林宣彦監督らが地元NPOと協力して、基金「鞆・町屋エイド」の設立準備を進めていると伝えます。鞆の浦は 江戸時代から続く伝統的な町家や社寺、石造物などが残る町。その佇まいが失われることに危機感を抱いた地元住民らがNPO法人を設立し、改修事業に着手しました。こうした取り組みを耳にした宮崎監督らが鞆の浦を訪問するうちにNPOの人たちと話し合って、町並みごと保存する基金の話が持ち上がったのだといいます。宮崎監督は「地域の伝統を残した町並みが今、日本から消えつつある。鞆の浦には、生活に根ざした長い歴史があるから、大切に残して後世に伝えていってもらいたい」と地元NPO代表に話している——報道はそう伝えます。

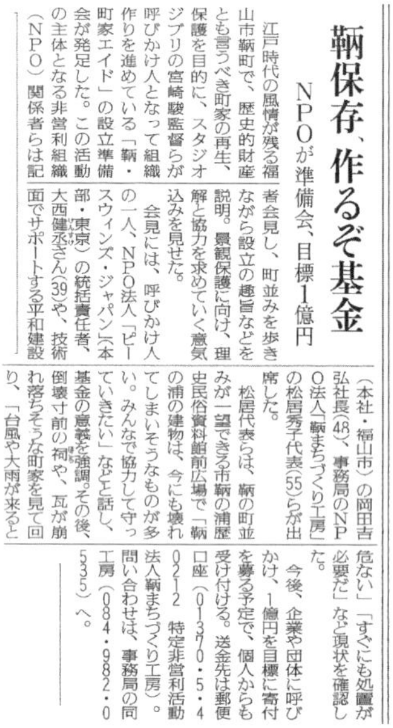

鞆保存、作るぞ基金

NPOが準備会、目標1億円

江戸時代の風情が残る福山市鞆町で、歴史的財産とも言うべき町家の再生、保護を目的に、スタジオジブリの宮崎駿監督らが呼びかけ人となって組織作りを進めている「鞆・町家エイド」の設立準備会が発足した。この活動の主体となる非営利組織（NPO）関係者らは記者会見し、町並みを歩きながら設立の趣旨などを説明。景観保護に向け、理解と協力を求めていく意気込みを見せた。

会見には、呼びかけ人の一人、NPO法人「ピースウィンズ・ジャパン」（本部・東京）の統括責任者、大西健丞さん(39)や、技術面でサポートする平和建設（本社・福山市）の岡田吉弘社長(48)、事務局のNPO法人「鞆まちづくり工房」の松居秀子代表(55)らが出席した。

松居代表らは、鞆の町並みが一望できる市鞆の浦歴史民俗資料館前広場で「鞆の浦の建物は、今にも壊れてしまいそうなものが多い。みんなで協力して守っていきたい」などと話し、基金の意義を強調。その後、倒壊寸前の祠や、瓦が崩れ落ちそうな町家を見て回り、「台風や大雨が来ると危ない」「すぐにも処置が必要だ」など現状を確認した。

今後、企業や団体に呼びかけ、1億円を目標に寄付を募る予定で、個人からも受け付ける。送金先は郵便口座（01370・5・40212　特定非営利活動法人鞆まちづくり工房）。問い合わせは、事務局の同工房（084・982・0535）へ。

図5－6　2006年10月24日の読売新聞、広島版
宮崎監督が呼びかけ人として報道されている

2006年の読売新聞などが伝える宮崎監督の意図に沿うならば、

図5-7 「生活圏優先」の横断幕（著者撮影）
右手前の建物は鞆の浦の保育園

『崖の上のポニョ』の舞台は鞆の浦であると公表すれば、基金のための格好の PR になったことでしょう。なぜなら、宮崎監督には"前例"があるからです。1988年に公開された『となりのトトロ』は、1950〜60年代の農村を舞台としたファンタジー映画ですが、舞台となったのは埼玉県と東京都の県境にある狭山丘陵。宮崎監督は、映画の公開後、粗大ゴミの不法投棄などで自然破壊が起こっていた丘陵を守るために「トトロのふるさと基金」の設立に協力したからです[5]。『となりのトトロ』の映画中で描かれた農村風景は、結果的にではありますが、狭山丘陵の自然を守ろうとする「トトロのふるさと基金」の積極的な PR になりました。しかし、舞台が特定される景観を描きながら『崖の上のポニョ』の場合は――鞆の浦の地名は公表されませんでした。したがって、『崖の上のポニョ』

5　この点については第12講で詳述。

図5-8　鞆の浦の保育園における『崖の上のポニョ』の絵
2021年には、同じ建物にデイサービス事業所（鞆の津ふれあいサロン）という看板が出ている

のケースにはなんらかの事情が介在していたと捉えるのが適切なのではないでしょうか。

　図5-7は、2010年に著者が鞆の浦に滞在したときに撮影した写真です。「生活圏優先」という横断幕がみえるでしょうか。鞆の浦の観光課の方に尋ねたところ、地元では、港の一部を埋め立てて橋を架ける計画（バイパスの計画）を望む声があがっているということでした。実のところ、鞆の浦における埋め立て架橋計画は数十年ものあいだ福山市で議論となってきた問題でした。住民にとっては、バイパスができれば大型の車両の行き来が可能となり、消防車両や急病人の搬送などの安心に繋がります。したがって、このようなバイパスを望む地元の人たちにとっては、瀬戸内の町並みを保存しようという地元の声、そして文化人の声は、複雑に響いたことでしょう。橋を架ければ景観は一変します。しかし、自分たちの「生活圏」を「優先」するために湾岸の整備の早期実現をしてほしい、と。

　想像をたくましくすれば、ここに同映画の舞台の公表が回避され

てきた事情がほのみえてくるようにも思われます。一方、この写真の右手前にみえる建物は「鞆平保育所」（当時）です。映画の中で宗介が通う保育園を連想させています。岸辺側から保育園の入り口を確認すると、門のところには『崖の上のポニョ』の絵が掲げられており、これは同作の舞台であることを歓迎する声であることがわかります（図5-8）。バス停留所の近くの土産物屋にも、高畑勲監督が「子どものころ鞆鉄道に乗って訪れたことを思い出します」、宮崎駿監督が猫バスの絵と「鞆鉄道さま」と記した色紙（2004年11月22日の日付）が飾られていました。

　賛否がわかれてきた鞆の浦における埋立架橋問題は、2012年には撤回となり、架橋の代替として山側にトンネルを掘り道路を整備する計画が検討されました。そして、鞆の浦の古い建造物が残る西町エリアは、2017年に国の重要伝統的建造物群保存地区に選定されました。

＊

　『崖の上のポニョ』が公開された３年後、日本国内観測史上最大のマグニチュード9.0を記録した東日本大震災が起こりました。東日本大震災の津波は、東北地方の各地で防潮堤を乗り越えたために、甚大な破壊をもたらし、多数の被害者を出すことになりました。震災後は政府や自治体により、各地で防潮堤の新設や高さの見直しが実施されました。しかしながら、防災のために巨大な防波堤を造れば、ときに景観や漁業、養殖業、農業にも影響を与える環境破壊は免れないでしょう。東日本大震災は、津波により、人間と自然の共生という普遍的なテーマを世界に投げ掛けましたが、自然と人間の折り合いや環境に目を留めたとき、『崖の上のポニョ』というアニメーション映画は、映画の"外側"で問題を投げかけてくれる映画として捉えることができます。

非常時ライフラインの描出
——『崖の上のポニョ』 その2

なぜ宗介の家はライフラインが整備されているのか
——「光」を担う宗介

　前講では、映画『崖の上のポニョ』の映画舞台をめぐる事柄についてお話ししました。本講では、映画作品の内容を考察したいと思います。

　着目したいのは、主人公の宗介と母親のリサが住む「崖の上の家」のライフラインについてです。宗介の家の隣には、家の大きさと比肩するほど目立つ水道タンクがあります。この水道タンクは、宗介が、バケツの中にいる魚のポニョに自分の家を紹介するときなどを含め、映画冒頭から何度か映し出されていますが、お気づきでしょうか（図6-1）。これは、何か意味を持たせてあるのでしょう。

図6-1　宗介の家の横にある水道タンク

図6-2　宗介の家のそばの土地に「売地」という看板がみえる
© 2008 Studio Ghibli・NDHDMT

　ポニョの父親のフジモトが宗介の家の近くを訪れたとき、「売地」
という看板が背景に映し出されています（図6-2）。この映画は崖
の上には他の住民はいない、と視覚的に叙述しているのでしょう。
とすれば、この崖の上までは、水道が引かれていないのだと想定さ
れます。そして、宗介の家のライフラインは町中が停電になったと
きに、はっきりと叙述されることになります。

　フジモトによって海底に引き戻されたポニョは、宗介に会いに行
こうとして、父親の魔法（命の水）を手に入れます。そのために、嵐
が起こり、町は大洪水となりました。町中は停電になります。

　嵐の晩に、ポニョが崖の上で宗介と再会したとき、宗介の家の非
常時ライフラインの数々が強調されています。まず、家に中に入っ
たとき、ポニョは充電式の蛍光灯（ランタン）を持ちます（図6-3）。
そして、リサと宗介がやりとりします。

〈さあ　水がでるかなぁー〉

〈丘の上に水道タンクがあるからだよ〉

〈ガスはつくかな〉

〈プロパンだからだよ〉

図6-3　宗介の家にある充電式の蛍光灯
© 2008 Studio Ghibli・NDHDMT

図6-4　宗介の家にある家庭用の発電機
© 2008 Studio Ghibli・NDHDMT

　水道タンクにより非常時も水源が確保されていること、そして災害に強いといわれるプロパンガスが設営されていることが狂言回しのように台詞で表されています。注目されるのは家庭用の発電機（図6-4）です。クロースアップで強調されます。東日本大震災の直後、停電の発生や「計画停電」の実施で、電力が使えない経験をした人もいるでしょう。私も当時、家庭用の発電機の購入を考え、Amazonで検索したことを覚えています。

　『崖の上のポニョ』の公開は2008年ですが、同作に描かれた非常時ライフラインの描出は、３年後の東日本大震災後の日本の状況を

予見するものとなっています。これは、いわば「芸術家の想像力」と呼ばれるものでしょう。

　生物学者の福岡伸一さんは、小説家の村上春樹さんの『1Q84』を取り上げながら、「小説家の恐るべき想像力」によって、『1Q84』が企まざる「予言の書」となったと述べています[1]。『1Q84』は2009年に発表されましたが、2022年に話題になった「宗教2世」の問題を先取りして描いていたためです。村上春樹さんは、インタビューで、自分が創作するときには「無意識の世界」に入ると発言しています[2]。無意識、潜在意識、意識の底にあるものを探究していくことが自分の書く物語である、と[3]。実際、村上さんの小説には、メタファーとして井戸や深い穴に降りてゆく設定が少なくありません。自分が意識しない、コントロールできないような感覚の領域に入りこみ、執筆されているのだと想像されます。

　宮崎監督の絵コンテ（アニメーションの設計図）の制作過程を参照しますと、宮崎監督が村上春樹さんと同様の発言をしていることは興味深いです。映像資料『ポニョはこうして生まれた。〜宮崎駿の思考過程〜』（2009年）は、宮崎監督が絵コンテの制作において全力を尽くしている姿を12時間30分のドキュメンタリーで映し出します。その中で、宮崎監督も、無意識の底に行かなくてはいけない、深井戸を掘って行くのに時間がかかる、と述べています。さらに、その無意識の底には個人のものではないものがある、と発言します。スタジオジブリの映画作品の多くでプロデューサーを務める鈴木敏夫さんは、宮崎監督を次のように説明します。宮崎監督は、絵コンテ制作のとき、自分の脳みそのふたをあけるまで待つのだ。そうする

1　福岡伸一「生命の試練　進化の「触媒」」（『読売新聞』2022年11月6日）。
2　村上春樹『夢を見るために毎朝僕は目覚めるのです』（2010年、文藝春秋）。
3　https://www.47news.jp/3607370.html（2023年2月3日閲覧）。

のは、制作を通して、自分の頭で思いつかないようなシーンに出会いたいのだ。未来に起こることをみてみたいのだ、と[4]。

　非常時ライフラインの話に戻りましょう。宗介の家は、非常時ライフラインが整備されているため、崖の上にあっても安定感をもたらすものとなっています。実は、同作において宗介という主人公は、「光」を担う象徴ともなっています。暴風雨が町を巻き込み、デイケアサービスセンター（ひまわり）は停電となり、部屋は真っ暗になります。しかし、宗介がひまわりに行くと、電気が復旧します。そのとき高齢婦人の1人が「宗ちゃんがきてくれたから電気がついたのかしらね」と発言していることも注意されます。

　台風の中、宗介と母親のリサは、デイケアサービスセンターのひまわりから崖の上の家に戻りますが、嵐が一旦止んだときにリサは1人でひまわりへと向かいます。そのとき母親のリサと一緒に出掛けると主張する宗介に、リサはこういうのです。

　〈いまこの家は嵐の中の灯台なの〉
　〈まっ暗ななかにいる人はみんなこの光にはげまされているわ。〉

　すなわち宗介は暗闇の中の光として、リサに残されています。とすれば、先ほどの高齢婦人の言葉は、宗介が暗闇の中の光となることを予言していたのかもしれません。高齢婦人であるトキさんも宗介が帰路につくとき「風に飛ばされるんじゃないよ」と声をかけました。実際、宗介は危うく風に飛ばされて海に落ちそうになっていました。

4　『ポニョはこうして生まれた。〜宮崎駿の思考過程〜』（2009年、ウォルトディズニースタジオホームエンターテイメント）。

夏目漱石をめぐって──『門』、オフィーリア

　宮崎監督は、前作『ハウルの動く城』の制作後、漱石全集を読み耽ったため『崖の上のポニョ』には漱石の影響がみえると述べています。『崖の上のポニョ』において夏目漱石がどのような紋様をもたらしているのかは興味が尽きません。前述のように、夏目漱石の初期3部作（『三四郎』『それから』『門』）の最後の作品となる『門』（1910年）は、主人公宗助が、崖下に位置する家に住んでいます。次のようなくだりです。

　　宗助の家は横丁を突き当って、一番奥の左側で、すぐの崖下だから、多少陰気ではあるが、その代り通りからは尤も隔っているだけに、まあ幾分か閑静だろうというので、細君と相談の上、とくに其所を択んだのである。

　『門』は『それから』の〝後日談〟とされています。1909年東京および大阪の朝日新聞に連載された『それから』は、定職に就かず親からの援助で裕福な生活を送る「高等遊民」の代助が、親友・平岡を裏切ってその妻・三千代と生きる覚悟を決めるまでを描きます。続編の性格を備える『門』では、世間からは「不義」の仲とみなされる宗助・御米夫婦が、その罪の意識ゆえに、世間を憚ってひっそりと暮らす様子が描かれます。上の引用で、住まい選びの要件に往来から隔たり、「幾分か閑静」であることがあげられているのは、喧騒を避ける字義通りの意味だけではなく、僅かでも世間の目を避けてひっそりと暮らしたいという2人の精神的な立ち位置が含まれています。

　日本文学研究者の前田愛さんは、『都市空間の中の文学』（1982年）

という書物の中で、小説の筋や主題よりも、ものや生活空間の領域に作者の無意識、ひいては時代と社会の無意識が浮き彫りにされるのではないかという仮説を述べました。そして、『門』における空間と無意識の関係を探りました（「山の手の奥」）。実際、宗助と御米が暮らす住まいは、突き当たりの障子を開けると「廂に逼るような勾配の崖が、縁鼻から聳えて」（一）おり、「下からして一側も石で畳んでないから、何時壊れるか分からない虞がある」（同）という具合。「自業自得」ながら「未来を塗末」した宗助・御米夫婦の平穏な日常は、御米の前夫であり宗助の親友であった安井が、不意に崖上の坂井邸に出現するというような事件に脅かされます。常に不安と隣り合わせ。崖下の家は、崖の上が崩れ落ちるという物理的な不安定さのみならず、宗助夫婦が置かれた象徴的な意味を担っています。

　一方、崖の上の宗介の家については、どうでしょうか。宗介の母親のリサは、航海のため帰宅できない船乗りの夫に向かい「崖の上に女房と子どもをおっぽり出して」という台詞を吐いています。また、前述のように、宗助の家の隣りには「売地」の看板がみえます。海に面したこの崖の上には、特別な理由がない限り、あえて住もうとする人はいないのでしょう。しかし、非常時ライフラインの整備でわかるように、安定したイメージが与えられているようです。そして宗介の崖の上の家は、嵐の中の灯台となって、暗闇の中にいる人々の励ましとなる光と希望のイメージです。それに対して『門』における宗助の家の灯りはどうでしょうか。

　　やがて日が暮れた。昼間からあまり車の音を聞かない町内は、宵の口から寂としていた。夫婦は例の通り洋燈の下に寄った。広い世の中で、自分達の坐っている所だけが明るく思われた。そうしてこの明るい灯影に、

図6-5　ジョン・エヴァレット・
ミレイの絵画「オフィーリア」
（1852年）
（テート・ブリテンの図録の表紙
著者所蔵）

宗助は御米だけを、御米は宗助だけを意識して、洋燈の力の届かない暗い社会は忘れていた。

　宗助と御米の夫婦は「御互同士を頼りとしながら」暮らし、洋燈の灯りは、お互いのみを照らすために存在しており、多くの人の「光」となる宗介の家の灯りと対照的である様子がわかります。

　また『崖の上のポニョ』は、漱石がロンドン留学時代に目にしたジョン・エヴァレット・ミレイの絵画「オフィーリア」（1852年）（図6-5）の影響も受けています。漱石は「オフィーリア」を小説『草枕』（1906年）のヒロイン（那美）の造型に活かしました。そして、宮崎監督は、2006年には渡英して漱石が目にしたというミレイの「オフィーリア」をテート・ブリテンで目にします。ミレイの「オフィーリア」は、海中をあおむけになって泳ぐポニョの母親・グランマンマーレに活かされたのでしょう（図6-6）。オフィーリアは、ウィリアム・シェイクスピア（William Shakespear 1564-1616年）の『ハムレット』に登場する悲劇のヒロインで、誤って溺死してしまいます。しかし、宮崎監督は、漱石のオフィーリアも「光」に変更しています。『崖の上のポニョ』に登場するグランマンマーレは、海なる母と設定され、真っ暗な嵐の夜の海に黄金の光の渦を拡散させな

図6-6　グランマンマーレ
© 2008 Studio Ghibli・NDHDMT

から泳ぎます。船のエンジンが停止し絶望しかかった宗介の父親や船員たちは「観音さまのおみわたり」と感謝します。真っ暗な海上での希望の灯台となった宗介と同じように、グランマンマーレも海の上の人々に希望を灯すのです。宮崎監督は、漱石のイメージを反転させていることがわかります。

　宮崎監督が夏目漱石を引用するのは、『崖の上のポニョ』に限りません。『風立ちぬ』(2013年) においても見受けられます。零戦の設計者である主人公の堀越二郎が、菜穂子とともに新婚生活を送る上司の黒川の家は、熊本県小天温泉にある前田家別邸がモデルとなっています。ここは、夏目漱石『草枕』の舞台でした。宮崎監督は、スタジオジブリの社員旅行のときに訪れた小天の六畳の部屋をみて、離れという発想を得たと述べています[5]。また『風立ちぬ』の絵コンテでは、夏目漱石原作の映画『三四郎』(中川信夫監督、1955年公開) を観て着替えのシーンなどを参考にするようにスタッフに指示していることがわかります。

5　『風立ちぬ』の完成報告記者会見。参加者は宮崎駿、庵野秀明、松任谷由実。

『リトル・マーメイド』との比較から
──リサと宗介のフェアネス、「魚」からみた人間世界の相対化

　宮崎監督による『崖の上のポニョ』の企画意図には、「アンデルセンの『人魚姫』を今日の日本に舞台を移し」という文言がみえます。しかしながら、『崖の上のポニョ』の冒頭部分には、前述のようにディズニーの『人魚の踊り』に対するオマージュがみえる点、映画のエンディングで、ポニョが好きな人間に選ばれるハッピーエンディングを迎える点から、ディズニー映画の影響を色濃くみることができます。そもそも、王子の結婚相手となることができず、また王子の血を浴びて人魚に戻ることもできず泡となったアンデルセンの『人魚姫』のストーリーが、ハッピーエンドに変更された事例として頓に私たちに想起されるのは、ディズニーの『リトル・マーメイド』(1989年) になります。ここでは、『崖の上のポニョ』を『リトル・マーメイド』と比較することで、宮崎映画の特徴を洗い出してみましょう。

　1つめにあげたいのは"不思議さ"に対する享受の差です。『リトル・マーメイド』の冒頭部分では、船に乗ったエリック王子が、船員たちから人魚や、海の王・トリトン王の存在について耳にします。しかし、王子に仕える執事のグリムスビーは、次のように諫めます。

　〈そんなおとぎ話は　エリック様　信じてはいけません〉

　しかし、船員たちは応酬します。「作りばなしでない」と。
　一方、『崖の上のポニョ』で宗介の母親のリサは、ポニョが金魚から人間になってやってきたという宗介の言葉に対して、次のようにいいます。

〈いい？　宗介とポニョ〉
〈どんなに不思議で　うれしくて　驚いてても　いまは落ち着くの〉

　リサは、宗介の言葉に疑念を差し挟むことなく、不思議な事態を受け入れます。

　ここで顕わになっているのは、リサのフェアネス（平等性）でしょう。リサという人物は、宮崎監督によって慎重に人物造型がなされているようです。

　リサが宗介に「お母さん」でも「ママ」でもなく「リサ」と呼ばせているのは、リサのフェアネスが表れているのではないでしょうか[6]。リサは、海なる母であるグランマンマーレに対しても、「あなたも。グランマンマーレ」と対等に呼びかけています。それは、夫の耕一たちが、グランマンマーレを海の女神＝「観音さま」と崇め奉る姿と好対照をなしています。また、リサが嵐の夜、高齢者たちを心配してひまわりに向かうのも、そのフェアネスの現れとなっています。

　映画の公開後、子どもを残してデイサービスに向かう母親・リサの行動について、信じがたいという観客の声があがりました。しかし、助けが必要な人に手を差し伸べる姿にこそ、リサのフェアネスが体現されています。自分や身内を優先しないこと。家に宗介を残すことも──暗闇の中で不安に思っている人たちに対して、希望を与えようとする考えからでした。

　なぜ、このようなフェアネスが描かれるのでしょうか？　それはリサと宗介が「魚」であり「半魚人」でもあるポニョを受け入れる

6　ディズニーによる英語吹替版では、宗介は両親を Mom, Mommy, Dad と親族呼称を用いており、親子間の対等性は薄められている。

図6-7　フォークの使い方がわからないアリエルは人間から軽蔑される

理由づけとなっているようです。リサが、グランマンマーレと「長く」話し合い、熟慮の上ポニョを受け入れようとすること——その行為が説得力を持つようにリサのキャラクターの描出がなされています。

　2つめに注目したいのは、まなざしの権力性の問題です。『リトル・マーメイド』では、人魚姫のアリエルは、海底の難破船からみつけたフォーク、パイプの用途を間違って学びます。かもめは、それぞれ髪を梳くもの、太古から伝わる楽器というのです。アリエルは人間界に行き、食事をする際にフォークで髪を梳き、パイプを思いっきり吹いてしまう。ここで着目したいのは、アリエルが王子や召使いから驚いた視線で眼差されていることです（図6-7）。王子とともに馬車に乗った場面でも、手綱を操る術を知らないアリエルは乱暴に馬を走らせてしまいます。スクリーンに映し出されるのは、やはり驚く王子の眼差し。『リトル・マーメイド』では、人間の眼差しを基準にして、人間の基準にあわない人魚のふるまいを批判する視点が描き込まれているといえるでしょう。では、『崖の上のポニョ』ではどうでしょうか？　同じく食事の場面をみてみましょう。

　ポニョは、ミルクを飲むとき、そしてラーメンを食べるとき、宗介の方をみて学ぼうとしています（図6-8）。魚であったポニョにとって手を使うことが困難であることは——対照的に、足の指の使

図6-8　ポニョは宗介の仕草を学ぼうとする
© 2008 Studio Ghibli・NDHDMT

図6-9　「足」の動きをみせて魚としての特技をみせるポニョ
© 2008 Studio Ghibli・NDHDMT

い方は得意だという場面を直前に置き（図6-9）その上でポニョの
箸の持ち方をみせることで——宮崎監督は視覚的に説明をしていま
す（図6-10）。そして、ポニョが蜂蜜入りのミルクを美味しそうに
飲み、湯を注げば出来上がるインスタントラーメンに感動している
シーンが描かれます（図6-11）。

　おわかりでしょうか？　ここではポニョ＝〈非人間〉の視点を通
して、人間の世界の素晴らしさが再発見されています。ポニョの一
連の動作を暖かく見守るリサと宗介。リサと宗介には、人間を基準
としてポニョを無知だと批判する眼差しは、まったくみえません。

図6-10　ポニョがスプーン、箸を持つ
「手」を使うことが苦手な様子が描かれる
© 2008 Studio Ghibli・NDHDMT

図6-11　ミルクやインスタントラーメンに歓喜するポニョ
© 2008 Studio Ghibli・NDHDMT

ひまわりの家にこだわる

　私たちは『崖の上のポニョ』を、宮崎駿版『人魚姫』として受け止めることができるでしょう。しかし、アンデルセンの『人魚姫』にも、ディズニーの『リトル・マーメイド』にも（ついでにいえば夏目漱石の『門』にも）登場しない重要な場面が『崖の上のポニョ』には描かれています。それはひまわりの家の場面です。

　『ハウルの動く城』における主人公ソフィーや、実年齢に戻った荒地の魔女など、宮崎駿監督は自らの映画において高齢者を頻繁に登場させてきました。『崖の上のポニョ』では、保育園に隣接した

ひまわりの家（デイ・ケアサービスセンター）を描きました。

　保育園と地続きのデイ・ケアサービスセンターの発想は、宮崎監督が以前から温めていたものです。2002年に出版された養老孟司さんとの対談集『虫眼とアニ眼』に見出すことができます（同書では、ホスピスを「老人介護（施設）とごっちゃにしてないか？」という書き込みもみえます）。

　宮崎監督はこのデイ・ケアサービスセンターに関して、どうしても盛り込みたいシーンがあったそうです。宮崎監督が拘ったのは「介護施設にいた老人たちがみなで踊ったりするなど、老人たちがメーンとなる数シーン」であったといいます。

　『崖の上のポニョ』の制作時に、絵コンテがなかなか進まない宮崎監督に対して、鈴木敏夫さんが「1000カットっていってましたよね？」とスケジュールを再確認したとのことでした。1000カット90分の映画と決めていたからです。しかし、宮崎監督はとたんに不機嫌になりました。そして、高齢者が踊るシーンについては、組み込めば20分超過の映画になるために断念されたそうです。

　では宮崎監督は、どうして高齢者が踊るシーンを描きたかったのでしょうか？

　最初に、作家論的な視点から解釈してみましょう。宮崎監督が宗介に自分自身を、高齢者のトキさんに自分の母親の姿を重ねていたという解釈です。鈴木敏夫さんもNHK番組「プロフェッショナル仕事の流儀」で同様な解釈をしていました。「宮崎駿という人は少年期の育った環境から、お母さんに対する特別な感情を持っている。その感情を映画に投影させたかった。それが端的な答えだと思います。純粋にトキさんをもっと出したかった」と。トキさんのような、頑固で、しかし情け深い一面を持つ「おばあちゃん」の系譜は、宮崎映画において既視感――類型があります。『天空の城ラピュタ』

のドーラ、『千と千尋の神隠し』の湯婆婆などでしょう。宮崎監督の弟さんは、ドーラの精神的迫力は宮崎監督の母親と通じていると証言しています。宮崎監督の母親は、結核菌が脊椎に入って起こる脊椎カリエスという難病のため9年もの間、自宅で闘病生活を送っていました。宮崎監督は、思春期、成長期の大部分において実質的に母親を欠いていたといいます。『天空の城ラピュタ』でドーラの息子たちが、「ママ〜」と呼ぶマザコンぶりをみせているのは、宮崎監督の自己戯画化として興味深いでしょう[7]。したがって『崖の上のポニョ』においては、主人公の宗介が宮崎監督、トキさんが宮崎監督の母親となります。映画の終盤では、トキさんが、いきなり主要な登場人物のような扱いで表舞台にでてくるため、少し驚いた人もいるでしょう。このトキさんは宗介を抱擁します。そして、その抱擁のシーンは、スローモーションが使われました。印象的な映像表現となっていることは、宮崎監督によってこの場面が強調されているからなのでしょう。しかし、画面からみえてくる宗介とトキさんの関係は、年齢的な不具合を生じています。映像が語るのは、トキさんと宗介は母子というよりも祖母と孫の姿です。とするならば、宮崎監督のこだわりは、別の視点からも考えられるでしょう。それは、歩行の夢ではないでしょうか？　歩行の夢は、この映画のテーマの根幹と関わっています。次の講で検討してみたいと思います。

7　宮崎至朗「兄・宮崎駿」(『映画　天空の城ラピュタ　GUIDE BOOK　復刻版』(1986年、徳間書店)。

歩行への夢想と
「災害ユートピア」の描出
──『崖の上のポニョ』 その3

水没はなぜ描かれたのか？ ──飛翔の夢から歩行の夢へ

「どう解釈してよいのかわからない」

『崖の上のポニョ』が公開された当時、映画の後半で宗介が住む
町が水没する設定について、戸惑う映画評が見受けられました。な
ぜ、町を水没させるのか。水害という状況で、町の人々はあまりに
も暢気ではないか、などです。水没した町で、宗介やポニョは、若
い夫婦と赤ん坊と出会いますが、女性はボートの上でワンピースと
日傘という出で立ちです。したがって、嵐で災害が生じ、被災者が
亡くなったのではないか──この場面は、あの世＝黄泉の国である、
と解釈する批評もありました。また、主人公の宗介は、水没した町
の人たちを山の上のホテルに避難させる船団と出会ったとき、「ふ
な祭りみたいだ」と発言しています。確かに、水害という状況に対
して、「まつり」という発言に"矛盾"を感じる人は少なくないで
しょう。では、この"矛盾"はどのような理由で、表現されること
になったのでしょうか。探ってみましょう。

＊

『人魚姫』を参照すると、この"矛盾"がもたらされる理由がみ
えてくるようです。それは『崖の上のポニョ』を貫く主題が、歩行
への夢想であるためです。

『崖の上のポニョ』は、宮崎映画に特徴的だった飛ぶシーン＝飛

翔を封印した映画でした。空を飛ぶシーンは、宮崎映画の見せ場になることが多いため、それを期待した観客は、この『崖の上のポニョ』に爽快感を感じることができなかったかもしれません。では、飛翔の代わりにどのような場面がみえるのでしょうか。この映画でハイライトシーンとなっているのは、ポニョが波の上を走りまわる場面でしょう。この点を含めて、「歩行への夢」を考察してみたいと思います。

　『崖の上のポニョ』において歩行への夢は、少なくとも３つの位相から描出されています。

　１つめは、魚が手足を持ち歩行するというものです。まさにこの映画のエンディングで流れる主題歌——大橋のぞみと藤岡藤巻のユニットでヒットとなった曲——では「ペータペタ　ピョーンピョン　足っていいな　かけちゃお」と、魚の立場から足で歩く、駆けることの夢が語られています。

　２つめは、上述のハイライトシーン、波の上を走り回るポニョの描写においてです。人間は、波の上を自由に歩くことはできません。したがって、ここも歩行の夢となっています。ボートに乗った宗介とポニョが赤ん坊と若い夫婦に会ったときも、ポニョは水面の上を歩いてみせ、人々を驚かせています。

　そして３つめです。これが、この映画では最も重要な点と思われます。宮崎監督がこれまでの映画で描いてきた飛翔への夢は、人間にとって不可能な夢でした。したがって、不可能な夢をアニメーション映画の中で可能にしてきた、といえるでしょう。また宮崎映画が志向する飛行器具、飛行機が——ナウシカのメーヴェやキキの箒、ラピュタのフラップター、ポルコ・ロッソの飛行艇のように、身体あるいは上半身を空中に晒すものであることに注目しましょう。これらは、人が鳥のように生身の体で飛ぶことが志向されているの

図7-1　ひまわりの家の高齢者たち
車椅子を利用している
© 2008 Studio Ghibli・NDHDMT

でしょう。飛翔と比較するとき、みなさんは、「歩行」は人間にとって夢や憧れになり得ない、爽快感や迫力感もないと考えるかもしれません。しかし、車椅子が必要な、足の不自由な高齢者にとってはどうでしょうか?

　人は誰しも老いる。そして老いることで、多くの人——それこそほとんどすべての人は、歩くことが不自由になります。歩行が『崖の上のポニョ』の主題に大きくかかわっていることは、ひまわりの家の高齢者たちが、すべて「車椅子」にのっていることからも自明でしょう(図7-1)。宮崎監督は、映画の冒頭の方で、その伏線を敷いており、高齢者に歩行の夢を台詞で語らせています。

　ポニョが魔法で宗介の怪我を治したと耳にしたとき、高齢者の一人が自分たちの足も治してほしい、

〈もう1回宗ちゃんみたいにかけっこできたらね〉

と言うのです。宮崎監督が作詞した「ひまわりの家の輪舞曲^{ロンド}」¹を

1　前掲『折り返し点 1997〜2008』。ただし、歌詞は歌手の藤沢麻衣の歌うものと異なる。

図7-2　車椅子の高齢者たちが水中で自由に歩き回る場面
© 2008 Studio Ghibli・NDHDMT

参照してみましょう。歩くことの夢が明確に謳われています。

　　もういちど自由にあるけたら
　　おもいっきりお掃除をして、お洗濯をして、お料理をつくって
　　庭の植木にはさみを入れて、花の種をまいて、それから　お散歩に出か
　　けよう
　　晴れたらなんて明るいんだろう
　　雨の日もスキ、おしゃれな雨傘、レインコートも着てあるこう（後略）

　そして、ここに水没の設定の意味がみえてきます。水没する町は水中世界（海の中）のアナロジーとして設定された見方ができるからです。魚は水中で自由に泳ぎ回っています。それを比喩として用いて『崖の上のポニョ』の世界では、歩行困難な高齢者が水の中で自由に歩くことができるようになった、という物語上の論理が現れるのです（図7-2）。歩けない魚／高齢者たちは、水中であれば自由に泳ぎ回る／歩くことができる──それが同作の後半部分、同時代批評で疑問が出されていた町の水没の設定──水中で歩き回る場面が必然であったと捉えられるのです。

災害ユートピアの視点──災害後の相互扶助

　宮崎監督が描いた洪水後の世界について、さらに掘り下げてゆきましょう。なぜなら上述のように、『崖の上のポニョ』についての映画評では、災害にも関わらず町の人々が暢気である様子は理解できない、という意見が相次いだからです。

　そもそも宮崎監督は、東日本大震災時には、どのような発言をしているのでしょうか。この点から確認してみたいと思います。

　日本国内観測史上最大のマグニチュード9.0を記録した東日本大震災が発生し、甚大な被害が発生したのは2011年3月11日。広域にわたる津波、原子力発電所の破壊により、多くの被害が発生し、日本では近代化以後最大の自然災害となりました。宮崎監督は、震災直後の3月28日、企画を担当した『コクリコ坂から』(2011年)の主題歌を発表する記者会見で、東日本大震災について次のように言及しています。

　　埋葬も出来ないままがれきに埋もれている人々を抱えている国で、原子力発電所の事故で国土の一部を失いつつある国で、自分たちは アニメを作っているという自覚を持っている。(中略)

　　残念なことに、私たちの文明はこの試練に耐えられない。これからどんな文明を作っていくのか、模索を始めなければならないと思う。誰のせいだと言う前に、謙虚な気持ちでこの事態に向き合わねばならない。

　　僕たちの島は繰り返し地震と台風と津波に襲われてきた。しかし、豊かな自然に恵まれている。多くの困難や苦しみがあっても、より美しい島にしていく努力をするかいがあると思っている。いま、あまりりっぱなことを言いたくはないが、僕たちは絶望する必要はない。

みなさんの中には、東日本大震災のあと、地震や津波を題材とした映画の上映延期や中止が相次いだことを知らない世代の人もいるでしょう。『崖の上のポニョ』もまた、波の上で走り回るポニョの姿が津波を想起させるものとして、半年のあいだ地上波での放映が見合わされました。私自身、この映画を大学の講義で取り上げてよいのかどうか、いっとき悩んだことを覚えています。したがって、宮崎監督の上述の発言は、アニメーション映画を作る覚悟のように感じられます。

　「僕たちは絶望する必要はない」という言葉と同時に、この記者会見中の宮崎監督の発言で注意されるのは、東京で水の買い占めなどが起きている事態に対し「もってのほかだと思います」と厳しい表情で述べたことです。利己的な行動に走る人々に対して怒りを表明したのです。そしてこの発言は、映画の中の「ふな祭り」と関連すると思われます。結論を先取りすれば、"災害ユートピア"の視点になります。

＊

　ここで参照したいのは、環境、人権などのテーマに取り組むアメリカの著作家レベッカ・ソルニットによる『災害ユートピア』[2]です。ソルニットは、大きな災害が起きたのちに特別なコミュニティが立ち上がることを明らかにしました。災害で生き延びた人へのインタビューや回想録を通して、人々の無償の助け合いを紹介します。同書では、サンフランシスコ大地震（1906年）から、カナダのハリファックス港で起きた貨物船大爆発事故（1917年）、ロンドン大空襲（1940年）、メキシコ大地震（1985年）、9.11同時多発テロ（2001年）など、

2　レベッカ・ソルニット『災害ユートピア——なぜそのとき特別な共同体が立ち上がるのか』（原著2009年、2010年亜紀書房）。

災害が起きたときの世界中の人々の行動について、何十年ものあいだの綿密な社会学的調査が行われました。一例として、1906年のサンフランシスコ大地震で被災した女性が、野宿していた公園で始めたスープ・キッチンの事例をみてみましょう。

　彼女は間に合わせのドアやテントを用いて小さなスープ・キッチンを作り、周りの人々にスープを提供しました。すると居合わせた見知らぬ人々から、調理器具や皿、食材などがもたらされ、瞬く間に200〜300人規模の食料を提供するキッチンとなった、とソルニットは伝えます。災害時の、金銭も社会的な地位も役に立たなくなる状況下では、人々は普段の格差や分裂を超えて、親密なユートピア空間を立ち上げるというのです。ソルニットは、地震、襲撃、大嵐などの直後の緊迫した状況の中では、多くの人が隣人や見知らぬ人に対して利他的であろうとし、他者に思いやりを示し、手を差し伸べ、あるいはお互いに助け合う行動をとることが圧倒的に多いのだと伝えます。インタビューをした人からは「あの災害直後の空間にもう一度戻りたい」と懐かしむ声もあったといいます。

　私たちの多くは、人間は大きな災害に直面するとパニックに陥り、いわゆる退行現象が起きて野蛮になるというイメージを持ちます。しかし、ソルニットによれば、政府や行政や軍隊、マスメディアなどの介入で「他の人々は野蛮になるだろう」と考えるときに、人々は最悪の行動を起こすのだというのです。自分は他人の野蛮な行動に対し、防衛策を講じているに過ぎないものとして起こすのだと。

　この考え方は、いわゆる「災害共産主義」——大きな災害の脅威の前で国家などを超えた連帯——に通じるものとして位置付けられるでしょう。ソルニットがいうように、災害後では無償の助け合いの行為がいくつもみられること、自発的に利他的で秩序正しい行動をとることが圧倒的に多いという状況は、興味深いことに、『崖の

上のポニョ』の災害後の人々の様子を説明するものとなっています。
船団で避難する人々はほかのボートの人々に、

　〈なにかお手伝いすることはありますかー〉
　〈ありがとう。いまは大丈夫でーす〉

と呼びかけ、相互扶助の風景がみえます。また、宗介たちは若い夫
婦にサンドウィッチを渡し、代わりに夫婦は宗介にろうそくを渡す
など、利他的であろうとしています。みなが避難場所に向かって船
でオールを漕いでいる行動には、秩序正しさが表現されています。
宗介のいう「ふな祭り」という台詞は、人々が一致団結して助け
合って行動している様子を説明するものとして発話されたとわかる
のです。
　したがって、前述のように、宮崎監督の描いた水害後の場面に、
黄泉の世界のような「別の世界」に近い雰囲気を感じ取ったという
意見は、妥当性を持つものといえるのではないでしょうか。ソル
ニットによれば、災害直後の状況は、私たちの中にある「別の世
界」──ユートピアをみせてくれるからです。

ルッキズムの問題系──宗介がポニョを受け入れる理由
　最後に、宗介がポニョを受け入れる理由を補足したいと思います。
というのは、宮崎映画の系譜をみるとき、『崖の上のポニョ』には
「非人間」の受け入れについて進展がみられ、さらには「ルッキズ
ム」の問題を喚起していると考えられるからです。
　ルッキズムとは、外見的な特徴に基いて特定の人々を区別したり、
劣等視することです。一般的には、外見に基づく差別、偏見、外見
至上主義として定義されることが多いのですが、ルッキズムが問題

にされる際には、視覚的なマーカー（標）が用いられることが多いです。学術的には比較的新しい概念として導入されていますが、論者の「直感」によってルッキズムという用語が使われることも頻繁にあります。したがって、ルッキズムとはそもそも何であるのか、という点について考えておく必要があります[3]。たとえば、身体的な特徴として私たちが「ルッキズム」といったときに、肌の色、髪の毛の色などの人種（レイシズム）の問題と結び付けているのか、あるいは、特定の性別（ジェンダー）の文脈の中で用いているのか、体重や身長を特定の職種と関連づけているのかなど、どのような差別化と結びついているのかを掘り下げて検討する必要があります。また、明確な特徴がなくても、出自と結びつけることで差別が起きていることもあり、注意が必要です。

＊

　宗介がポニョと出会った場面をみてゆきましょう。この場面は、ほかの宮崎映画を彷彿とさせています。宗介は、バケツの中の魚に「ポニョ」と名づけます。これは、どこかでみた風景ではないでしょうか？　『となりのトトロ』のメイが、大きな生き物に「トトロ」と名づけたことが思い出されるでしょう。原初的には、名付けという行為は子どもの遊びに見受けられるものです。魚がポニョとなったとき、宗介とポニョの世界が「現実に」つくられます。独自の名前をつけることによって、自分とその存在に対して１対１の生きた関係性を作り上げるのです。トトロとメイ（とサツキ）と同じように。その段階で、ポニョは魚ではなく宗介にとって唯一の存在となりました。その証として、保育園の敷地でバケツの中のポニョを

3　ルッキズムの問題については西倉実季＋堀田善太郎「外見に基づく差別とは何か 「ルッキズム」概念の再検討（『現代思想』2021年11月号）を参照。

みつけた園友のクミコが「あっ金魚」と叫んだとき、宗介は「金魚じゃないよ。ポニョだよ」と訂正しています。また、みなさんは、第3講で扱った童話『魔女の宅急便』では、とんぼが、キキを「魔女」ではなく「キキという1人の女の子」とみていた視線を思い出すでしょうか。とんぼの視線は、キキがとんぼにとって特別な存在であることの証となっていました。また、宗介はポニョと出会ってからまもなく、(バケツの中の) ポニョに向かって「大丈夫だよ。僕が守ってあげるからね」と発言しています。これは『天空の城ラピュタ』の講義で詳述しますが、宗介はポニョを守るエスコートヒーロー——ヒロインを守る男性主人公——として、早くも宣言したことがわかります。

　しかしその一方で、「ポニョ」という名づけは、「体型」に基づいたものであり、私たちの日常生活の文脈においては保留が必要でしょう。なぜなら、ポニョという名づけには、マイクロアグレッション (日常生活の中で、傷つける意図はなくとも小さな侮蔑やからかいの形で無意識に特定の属性を持つ人への偏見、差別をしてしまうこと) のリスクがあるからです。もちろん、『崖の上のポニョ』の世界においては、グランマンマーレに「素敵な名前」と肯定されるものとなっていることで、この点は回避されています。

　ヒロインが人間以外の存在 (非人間) であることにも目を向けてみましょう。宮崎映画では、1989年の『魔女の宅急便』のキキ＝魔女の事例がありました。魔女のキキが人間と同じ外見である一方で、ポニョが「魚」であるという設定は、「ルッキズム」の問題が入り込んでいます。そして、『リトル・マーメイド』のヒロイン・アリエルとは異なり、ポニョは「半魚人」の姿もみせています。

　『崖の上のポニョ』の公開当時、私の授業を受けた学生は次のように述べていました。「魚や、人間のポニョはまだ良いとして、半

図7-3　半魚人のポニョ
© 2008 Studio Ghibli・NDHDMT

魚人のポニョ（図7-3）は、見た目が悪くて驚いた。鳥のような脚を持ち、への字の口で、あの半魚人のぬいぐるみを誰が買うのだろうか…」と[4]。

　ポニョは、魔法を使うときに半魚人になるようです。これは、人間の姿を維持するためには、相当なエネルギーが必要であることが示されているのでしょう。人間のポニョは、疲労ゆえにすぐに眠り込むシーンが描かれています。補足すれば、これは宮崎監督から高畑勲監督の描いた狸の変化（『平成狸合戦ぽんぽこ』）への応答であることもわかります[5]。

＊

　映画の最終部分で、宗介はポニョの母親のグランマンマーレからポニョが人間になれるかどうかの試練を受けます。その台詞は、このようなものでした。

4　2022年に学生にアンケートを実施したところ、「半魚人」のポニョの姿に気味が悪いと感じる学生もいるが、逆に可愛いらしさを感じる学生も少数ながら存在した。
5　高畑勲『平成狸合戦ぽんぽこ』では、人間に変化する狸は変化術にエネルギーを消耗するため、いもりや即効性の高い栄養ドリンクを飲用する場面が描かれる。

〈人間になるには、ポニョの本当の姿を知りながら、それでもいいという
男の子がいるんです〉
〈あなたはポニョがお魚だったのを知っていますか?〉
(中略)
〈ポニョの正体が半魚人でもいいですか?〉

それに対し、宗介はこう答えています。

〈うん　ぼく　お魚のポニョも　半魚人のポニョも　人間のポニョも〉
〈みんな好きだよ〉

　魚、半魚人、人間、宗介はいずれのポニョも好きだと答えます。
これは、人間以外の「非人間」(種) を超えた受容の主張であり、
"非人間の受容"こそが同作の主題である点がみえてきます。そも
そも、これがルッキズムの問題も含んでいることは、作品の冒頭で
すでに示されていました。
　ポニョが宗介に拾われたとき、ポニョの父親のフジモトは、ポ
ニョを奪い返そうと宗介の家のまわりにやってきます。フジモトは、
すでに海の住人となっているため、陸地を歩くためには「水分」が
必要であるようです。水を撒きながら歩いているフジモトをみてリ
サは、こう発言するのです。

〈なによ、あの不気味男! なんていっちゃダメよ、宗介。人はみかけじゃ
ないんだからね〉

　リサがフジモトに発した「不気味男!」という言葉は、それが一
瞬であること、およびすぐさまリサによって撤回されていることは

非常に示唆的です。なぜなら、やはりマイクロアグレッションが生じていることが示されているからです。さらに、フジモトのキャラクターが、地上の住民とは異なった造型として設定されていることは、ルッキズムが「出自」の問題なのか、特定の文化圏の仕草の問題なのかという論点も提供されているでしょう。そして、ルッキズムの論点は宮崎監督によって意図的に導入されたこともわかります。リサの「教え」に対して、宗介はすぐさまこう答えているからです。

〈ぼく、言わないよ〉

　宗介の「お魚のポニョも　半魚人のポニョも　人間のポニョ」も受け入れるという言葉は、生物的な種の問題——アニマル・スタディーズ[6]と絡んだ論点のほか、もともとは海の生物だったという「出自」とも関係していると思われます。『崖の上のポニョ』は、アンデルセンの『人魚姫』、ディズニーの『リトル・マーメイド』以外に「半魚人」というルッキズムの論点を盛り込んだところに大きな意味があるのではないでしょうか。

　様々な問いを多様な角度から考えてゆくことで、学術的な掘り下げを行い、各々が気づき、自らの一方的な視点を修正し、ものの見方をアップデートする——このような点に研究の意義があるといえるでしょう。

6　ジブリ映画とアニマル・スタディーズの関連については拙稿「動物／人間の境界線の撹乱——高畑勲の動物アニメーション映画」（米村みゆき、須川亜紀子編『ジブリ・アニメーションの文化学　高畑勲・宮崎駿の表現を探る』（2022年、七月社）を参照。

「原作」の種としての ロケーション・ハンティング

──『天空の城ラピュタ』 その1

「漫画映画」の復活というキャッチ・コピー

　みなさんは、ピクサー・アニメーション・スタジオのジョン・ラセター (John Lasseter 1957年〜) さんをご存知でしょうか？　ラセターさんは『トイ・ストーリー』(1995年) などの監督であり、宮崎監督の友人でもあります。『トイ・ストーリー3』(2010年) の中では、トトロのぬいぐるみが登場したことも話題になりました。ラセターさんがトトロを自分の映画に登場させたのは、宮崎監督へのオマージュなのでしょう。実際、ラセターさんは影響を受けたアニメーション監督として、宮崎監督の名前をあげています。

　『天空の城ラピュタ』(1986年) の北米版の DVD（英語吹替版）は、ラセターさんによる紹介で始まっています[1]。このような台詞です。

Hi, I'm John Lasseter of Pixar Animation Studios. You are about to watch *Castle in the Sky*. This is one of my favorite films by my good friend Hayao Miyazaki. Now, Miyazaki's films are fantastic. You should see them all. But you have chosen a great one in *Castle in the Sky*. The story is set in this world that is so wonderful and

---

1　Introduction by John Lasseter.

inventive, a land of flying machines that are bigger than anything that we have on Earth, even to the point of towns and islands flying in the sky. Not only in the world amazing in *Castle in the Sky*, but the characters are so special and compelling and appealing and fun. You are in for such a treat. So have fun and enjoy *Castle in the Sky*.

　ラセターさんは、宮崎監督の映画はすべて観るべきだが、その中で1つ選ぶのであれば、『天空の城ラピュタ』だと述べています。その理由として、舞台が素晴らしく創意に富んでいること、空を飛ぶ街や島や機械の魅力のほか、登場人物たちが特別であることを強調しています。ラセターさんは、宮崎監督の「友人」として、どの程度「宣伝マン」の役割を果たしているのかわかりません。注目したいのは、北米版『天空の城ラピュタ』のブルーレイのジャケットには、アカデミー賞を受賞した宮崎監督の作品だと説明されていることです。しかしラセターさんが、アカデミー賞受賞作品の『千と千尋の神隠し』ではなく、全ての宮崎映画の中で『天空の城ラピュタ』を勧める理由の1つは、この映画が宮崎駿監督のアニメーション映画の特徴を最も顕著にあらわしているからではないでしょうか。なぜなら、この映画のキャッチ・コピーで謳われていたのは「漫画映画」の復権だったからです。そして、ラセターさんは、やはり「漫画映画」の特徴を持つ宮崎映画『ルパン三世　カリオストロの城』（1979年）を大変気に入っているからです。宮崎監督の「漫画映画」については、第9講で詳述します。

　『天空の城ラピュタ』は、当初はアニメーション版の『宝島』（少年少女の冒険活劇漫画）を目指していました。『宝島』は、海賊とともに宝物を探しにゆく冒険ものです。しかし、制作時には世界中の

人々を震撼させた災害——チェルノブイリ原子力発電事故が起きました。そのことによって、作品の方向性が大きく変更されたと考えられます。しかしながら、『天空の城ラピュタ』の研究では、この点はあまり注意が払われなかったように思われます。さらに、このとき、宮崎監督の中では、宮沢賢治の童話『貝の火』が呼び戻されたのではないか——このようなことをこの講で述べてゆきたいと思います。

ロケーション・ハンティングの想像力と可能態
——宮崎監督にとって「原作」とは何か

　様々な児童文学作品を基にしながら、自在に脚色する——原作から大きく飛翔し別の作品としてアニメーション映画を創り上げてきたといわれる宮崎監督ですが、『天空の城ラピュタ』は宮崎駿による初の「オリジナル作品」と謳われ、クレジットされている「原作」はありません。しかしながら、『天空の城ラピュタ』の"発想のもと"になったといわれている作品は、児童文学の領域に限定しても複数存在しています。列挙すれば、作家のジョナサン・スウィフト『ガリヴァー旅行記』[2]、小説家のロバート・ルイス・スティーヴンソンによる『宝島』[3]、絵物語作家の福島鉄次による長編絵物語『沙漠の魔王』[4]（図8-1）などです。しかし、この講で『天空の城ラピュタ』の発想の源泉として着目したいのは、宮崎監督がロ

2　ジョナサン・スウィフト『ガリヴァー旅行記』の第三篇には空飛ぶ島のラピュータが登場する。

3　ロバート・ルイス・スティーヴンソン『宝島』は、宿屋の息子ジムが海賊が孤島に隠した財宝を探しに船に乗り込み、財宝を手に入れる話。

4　福島鉄次『沙漠の魔王』は1949年より月刊『少年少女冒険王』に連載。『天空の城ラピュタ』の映画パンフレットにも言及される。『アラジンと魔法のランプ』に発想を得ており、飛行石が登場する回がいくつかある。

図8-1　福島鉄次『砂漠の魔王』
© 秋田書店 1954

ケーション・ハンティングした場所——ここでは実写映画のような映画の撮影場所のことではなく、映画の風景などの取材をした映画の舞台——です。なぜなら、この映画舞台がもたらす想像力は『天空の城ラピュタ』における可能態——実際には活かされなかったものの、作品としてあり得た方向性——を浮上させているからです。以下、検討してゆきましょう。

　宮崎監督は、『天空の城ラピュタ』の舞台の取材のため、1985年５月18日から２週間、イギリスのウェールズにロケハンに行きました。同作のモデルといわれているのは、2000年に世界遺産に登録されたブレナヴォン（Blaenavon）です。では、その場所は、『天空の城ラピュタ』に登場する事物とどのように関係しているのでしょうか。

　ブレナヴォンには、ビッグピット国立石炭博物館があり、パズーが働いている炭鉱のモデルとなっていることがわかります。パズーがシータと出会う竪坑（運搬のために地表から坑内へ垂直に設けられた坑道施設）（図8-2）と巻揚機のモデル（図8-3）もみえます。国立石炭博物館には、ヘルメットとヘッドライトを着用し、地下90メートルまで降りて歩くアンダーグラウンドのツアーがあります。パズーや

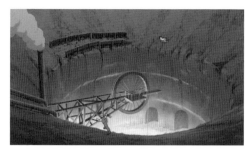

図8-2 パズーが巻揚機に向かって走る場面
© 1984 Studio Ghibli・H

図8-3 ビッグピット国立石炭博物館にある巻揚機
(*BIG PIT NATIONAL COAL MUSEUM A GUIDE*,47.)

シータが海賊（空賊）ドーラの一行や軍の装甲車に追われ、鉱山列車で逃げた後のシーン——具体的には高架から落ち、鉱山の谷底深く落下したのちに２人が歩く坑道（鉱山で採掘などのために掘った地下の道）に、それらが活かされているようです（図8-4）。同博物館では、鉱山で働いていた（元）鉱夫のガイドが見学者を案内してくれます。パズーが鉱山の岩の坑道を歩くとき、「このあたりは大昔から鉱山

図8-4　パズーとシータが歩く坑道
© 1984 Studio Ghibli・H

図8-5　光る鉱物　ツアーの絵葉書

図8-6　鉱山住宅と『天空の城ラピュタ』に描かれた鉱山の建物
(Peter Wakelin（2011）, *Blaenavon Ironworks and World Heritage Landscape*, 28.)
© Cadw,Welsh Government　© 1984 Studio Ghibli・H

があったんで穴だらけなんだ」とシータに説明するのは、（元）鉱夫
の説明を彷彿とさせています。また、2人が炭鉱内でポムじいさん
と会ったときには、地下廃坑で燐光を宿した岩壁をみて感嘆する場

図8-7　鉱山住宅にある食堂
(*Blaemabpm Orpmwprls amd World Heritage Landscape*, 27.)

図8-8　パズーが肉団子を買う場面
© 1984 Studio Ghibli・H

面がありますが、鉱山のツアーも光る鉱物のある岩壁（図8-5）に案内されます。

　国立石炭博物館の近くには、鉱山住宅として使われた建物が残されており、年代別に鉱夫の住まいの様子が展示されています（図8-6）。その建物の一角には、軽食を出す小さなカウンターバーがあり（図8-7）、それは、パズーが肉団子を買う行きつけの食堂を彷彿とさせています（図8-8）。

　これらの事物は、この映画にいくつかの〈行間〉——表面には表れてはいない意味や内容を立ち上がらせます。その1つは、労働者

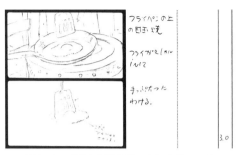

図 8 - 9 　『天空の城ラピュタ』の絵コンテ
目玉焼を 2 つに分けている

（『スタジオジブリ絵コンテ全集 2 　天空の城ラピュタ』2001年、徳間書店）© 二馬力

や階層の問題でしょう。実際、宮崎監督がウェールズ地方にロケハンに行く前年にはイギリスで炭鉱労働者による大規模なストライキがあり、宮崎監督は衝撃を受けたそうです[5]。ここでは、パズーが行きつけの食堂で買う肉団子とパズーがシータと食べる目玉焼きに着目しましょう。

　1986年夏の映画公開に先立ち刊行されたこの映画のノベライズ版『小説　天空の城ラピュタ』[6]では、パズーはそこでトウモロコシを買う設定となっています[7]。しかし、アニメーション映画『天空の城ラピュタ』では、「肉団子」に変更されています。「おじさん、肉ダンゴ、2 つ入れて」という台詞です。この変更には、肉団子に特別な意味が付与されていると考えた方が良いでしょう。なぜなら肉団子は、ウェールズ地方では、安い臓物を用いた、貧しい労働者階級の人たちが食べるものだからです。

5 　宮崎駿「個人的には「ナウシカ」からの連続性があるんです。」（『ジブリ・ロマンアルバム 天空の城ラピュタ』（2001年、徳間書店）。

6 　1986年刊行。原作と絵・宮崎駿、文・亀岡修となっている。

7 　宮崎駿、亀岡修『小説　天空の城ラピュタ　前篇』（1986年、徳間書店）。

図 8-10　鉱山でのパズーとシータが口にする食事
© 1984 Studio Ghibli・H

　もう 1 つ、目玉焼きについて注目してみましょう。パズーが空か
ら降りてきたシータを助けた翌朝、パズーは朝食を準備しています。
そのとき、みなさんは、パズーの目玉焼きの作り方に不自然さを感
じるかもしれません。黄身の中心部分をフライ返しで割っているか
らです（図 8-9）。学生さんから、これはウェールズ地方における
目玉焼きのローカルな調理法なのかとたずねられたこともあります
が、そうではありません。この目玉焼きについては〈視覚的叙述〉
として説明することができます。炭坑の見習い機械工のパズーに
とって、卵は贅沢品であること、そのため 1 つの卵を 2 人で分け
合っていることを示しています。宮崎監督は、この目玉焼きを異な
る場面で再び画面に登場させることで、労働者の生活を視聴者に伝
えようとしています。それは鉱山列車でドーラたちや軍から逃げた
後、鉱山の坑道で 2 人が食事をする場面です。みなさんはこのとき、
パンの上に載せられた「半分の目玉焼き」がクロースアップされた
ことに気がついたでしょうか（図 8-10）。絵コンテには「パンに半
分の目玉焼をのせた朝食」と記されています。
　『天空の城ラピュタ』における、片割れの目玉焼きは、反復して
画面に映し出されることで、〈視覚的叙述〉が示されています。こ

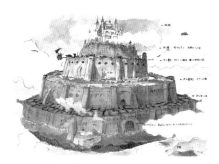

図8-11　『天空の城ラピュタ』の城のイメージボード
騎士や人民の居住が階層によって区切られていることの説明がある
(*THE ART OF CASTLE IN THE SKY*, 2016) ©1986 Studio Ghibli

こでは、視聴者に文学作品を読むような「行間」の読みを求めているようです。

　パズーに示されている労働者や階層についての構想は、『天空の城ラピュタ』の企画以前に、宮崎監督によって描かれたイメージボードに認められます。図8-11をご覧ください。そこでは、天空の城は、最上階の神殿から第1界（層）から第4界まであり、騎士、人民などの階層によって居住する区域（階）が分かれています。これは、フリッツ・ラング監督『メトロポリス』（1927年公開）が描いた未来社会——上層階に住む指導者層と地下に住む労働者階級が隔てられている厳密な階級社会を想起させています。宮崎監督自身、NHK初のテレビアニメ『未来少年コナン』（1978年）の科学都市インダストリアの設定において同作を引用しています（図8-12）。したがって、『天空の城ラピュタ』の肉団子や目玉焼きを通して、パズーが炭鉱で働く貧しい労働者階層であることが示されているのは、階層差の問題が科学が進歩したラピュタ王国の階層の問題とパラレルに描かれる論点として、想定されていたからではないでしょうか。

図8-12 『未来少年コナン』
(1978年) の地下住民とラナ
第21話『地下の住民たち』
© NIPPON ANIMATION CO., LTD.

なぜなら、後に主人公パズーやシータと協力してともにラピュタ島に行く空賊ドータも「金持ちしか襲わない」という設定だからです[8]。パズーが生活する社会とラピュタの王国の階層社会を構造上で相似させて描くことは、作品の1つの可能性であったと想定されます。しかしながら、映画の『天空の城ラピュタ』では、物語が進行するにつれて異なった論点が立ち現れているようです。

　しかし、この点を考察してゆく前に、当初の狙いであった別の観点もみておく必要があるでしょう。「少年少女冒険活劇漫画」という点です。

漫画映画の浄化作用

　「愉しきかな　血沸き　肉踊る　漫画映画」

　これは『天空の城ラピュタ』の映画ポスターなどに使用されたコピーです (図8-13)。ブレナヴォンへのロケハンのおよそ半年前、1984年12月が付された『天空の城ラピュタ』の企画意図では、「パズー (引用者注:当初の作品名) は愉快な血わき肉おどる古典的な活劇

8　『ジブリの教科書2　天空の城ラピュタ』(2013年、文藝春秋)。

図 8-13 「漫画映画」を謳った
『天空の城ラピュタ』のポスター
(『ジブリの教科書2　天空の城ラ
ピュタ』)

© 1984 Studio Ghibli・H

を目指している」と記されています[9]。映画公開の2年前のことで
す。冒険活劇が主人公による冒険を通じた激しいアクションを意味
するのであれば、パズーとシータが軽便鉄道の機関車にとび乗り、
海賊（空賊）ドーラや国防軍の装甲列車から逃げる高架の線路上の
"追いかけっこ"は、この映画の見せ場となっているのでしょう。
観客は手に汗握り、そのアクションを見届けます。当初のイメージ
ボードでは、シータが海賊のような少女だったことも冒険活劇の面
をより強調しようとしていたことを示しています（図8-14）。

　さらに企画意図を読み進めると「パズーは漫画映画の復活」を目
指しているという言葉に出合います。（冒険）活劇が漫画映画に言い
換えられています。『天空の城ラピュタ』は「漫画映画」の復権が
目指されていました。

　では、宮崎監督にとって、「漫画映画」とはどのようなものがイ
メージされていたのでしょうか。ここでは、「漫画映画」を通して、
宮崎映画における"約束事"を確認しましょう。なぜなら、『天空
の城ラピュタ』には、宮崎監督自身が演出したNHK初のテレビア

　9　「「天空の城ラピュタ」企画原案」（前掲『出発点1979～1996』）。

図 8-14　海賊のようなシータ
（前掲　*THE ART OF CASTLE IN THE SKY*）
©1986 Studio Ghibli

ニメ『未来少年コナン』と通底する風景——既視の風景がもたらされているからです。

　まず『未来少年コナン』における宮崎駿のインタビューをみることで「漫画映画」の意図を確認してみましょう。宮崎監督は、漫画映画は、キャラクターがいろいろな束縛から解放された人間になっていくこと、視聴者が観終えたときに解放された気分になるものと述べています。そして、漫画映画にみえる"追っかけシーン"は、キャラクターたちのアクションがすべて単純化されたときに可能になると述べます。漫画映画の浄化作用について、さらにみてゆきましょう。次は宮崎監督の発言です。

　　僕は、漫画映画は、なによりも心を解きほぐしてくれて、愉快になったり、すがすがしい気持ちにしてくれるものだって思ってる。その間は、自分を抜け出せるというか……。

　　確かに、見てる時は現実からの逃避です。漫画映画は嘘の世界です。

嘘だから、「なんだ、漫画か」だから、見る人は武装解除出来るんです。

　荒唐無稽だからこそ、とんでもない状況設定や、ぬけぬけと嘘がつけるし、見る方もそれを許すんだと思う。でも、作り手は、嘘の世界を本物らしくしていく努力が必要なんです（中略）その世界は虚構だけど、もう一つの世界として存在感があって、その中の登場人物の思考や行動にはリアリティがなければいけない。

宮崎監督は、漫画映画においては、嘘の世界という了解事項を視聴者と共有しているために荒唐無稽なアクションも可能であること、それが視聴者を武装解除させていること、同時に視聴者を納得させるような登場人物のリアリティも追求していることがわかります。だからこそ、『未来少年コナン』の第1話については、次のような主人公コナンの行動へのこだわりを表明しています。

　僕はもう、一話を見た途端、首を吊ろうかと思った。（中略）ラナってのはね、コナンが一目見た途端に、一生この女のために頑張るぞというくらいの美少女でなければならないと（僕は）思い込んでいるのに、すごいブスラナが出て来ましてね。

　僕はやっぱりアニメーターなんですよ。コナンがラナを抱き上げる時は"鳥のように軽やかに"持ち上げなければならないのに、大塚さんは理屈の人だから、ヨイショって持ち上げてる。あれは大塚さんの奥さんを持ち上げてるんだなんて悪口を言ったりしてね。[10]

10　富沢洋子編『また、会えたね！』(1983年、徳間書店)。

図8-15　足の指で飛行艇に縋りつくコナン（『未来少年コナン』）
© NIPPON ANIMATION CO., LTD.

『未来少年コナン』は超磁力兵器による大地殻変動に襲われた地球を舞台とした作品です。原作はアメリカのSF児童文学者であるアレグザンダー・ケイ（Alexander Hill Key 1904〜1979年）の『残された人びと』。しかし宮崎監督は「漫画映画」として『残された人びと』を大きく変更しました。原作は1970年に発表され、冷戦の影響が色濃くみえます。コナンの性格も陰鬱で、コナンとラナは幼馴染みの設定ですが、離ればなれになっています。しかし、宮崎監督によるテレビアニメ版では、原作では17歳であった主人公・コナンは12歳に設定されています。そして第1話では、「のこされ島」で生き延びてきた少年コナンが、野生児として驚異的な身体能力を披瀝します。巨大な鮫をモリ1つで退治したり、岩の上で片手で逆立ちしてみせたり、人の身体の何倍もある大きな岩を投げつけます。

　アニメーターの大塚康生さんは、ラナが敵の飛行艇にさらわれる場面の絵コンテをみたとき、唖然として思わず「うそだー」と叫んだそうです[11]。コナンは超人的な跳躍力で去ってゆく飛行艇の翼に

11　切通理作『宮崎駿の〈世界〉』（2001年、筑摩書店）。

飛び乗り、足の指で飛行艇に縋りついているからです（図8-15）。この「ありえない」場面を目にした視聴者の多くは、思わず吹き出してしまうでしょう。そのとき、視聴者は自分自身を「武装解除」するのです。そして、コナンのような漫画映画風のアクションは、『天空の城ラピュタ』のパズーにも継承されています。次の講でみてゆきましょう。

宮崎監督版『貝の火』
——『天空の城ラピュタ』　その2

漫画映画における既視の風景
——"お姫さま抱っこ"とエスコート・ヒーローのパロディ

　第8講でみたコナンのような漫画映画風のアクションは、『天空の城ラピュタ』のパズーにも幾分か継承されています。この講では2点、注目してみましょう。1つは、超人的なアクション、もう1つは、エスコート・ヒーローとしてのキャラクター像です。

　1つめの超人的なアクションは、映画の冒頭部分で早くもみることができます。パズーは自宅の屋根でトランペットを吹いたあと、屋根に登ってきたシータから飛行石のペンダントを借りて屋根から飛び降ります。『未来少年コナン』で敵の飛行艇に乗っていたモンスリーの「あの高さから落ちれば生きていないだろう」というほどの高さではないものの、無謀な行動です。しかし、パズーは"不死身"です。その後、さらにシータも落下して、パズーの上に落ちます。しかし、パズーはこのような台詞を吐きます——「ぼくの頭は親方のげんこつより硬いんだ」。参考までに、この台詞は北米版の『天空の城ラピュタ』では"If my head were any harder, you could use it as a cannonball."と、親方のげんこつが砲弾に変更されており、パズーの"頑丈さ"はいっそう強化されています。

　もう1つの場面をみましょう。軍に捕えられ、城の地下牢に幽閉されたとき、パズーはコナンさながら石壁をよじ登ろうとして落下

します。しかし、ここでも無傷でびくともしないようです。さらに、ここでは、狭い空洞を通りぬけようと頭を伸び縮みさせる柔軟な身体や、足の指ならず手の指で砲口にしがみつく姿など、コナンから引き継いだ身体能力の高さ（？）をみせています。常人であれば重傷を負うような場面でも依然として不死身のパズー。重要なのは、ここに、宮崎監督流の漫画映画としての既視の風景をみることができるのです。掘り下げてゆきましょう。

　宮崎監督のアニメーション映画の中で、私たちが頻繁に目にする風景は、追いかけっこ、高所での宙吊り、飛翔などでしょう。これらの漫画映画的な要素は、宮崎駿映画の"約束事"として私たちが「愉し」んでいるものなのだと気づかされます。逆にいえば、これらの約束事／黄金律に胸躍らせるとき、私たちは既に宮崎映画の世界に参入していることを意味しているのでしょう[1]。

　次に、エスコート・ヒーローとしてのキャラクター像について考えましょう。エスコート・ヒーローとは、宮崎映画に登場する男性の主要人物がヒロインをエスコートする特徴を持つことを意味します。高畑勲によって命名されたものです。

　『天空の城ラピュタ』でも、パズーはエスコート・ヒーローとして登場します。興味深いことには、そのエスコート・ヒーローをパロディ化する——自らの世界の約束事を戯画化する様相がみえます。以下、主人公とヒロインの出会いの場面について『未来少年コナン』を参照しつつ、考察してゆきましょう。というのは、『天空の城ラピュタ』の出会いのシーンにも、入念な〈視覚的叙述〉が盛り込まれていると思われるからです。

1　文脈は異なるものの、渋谷陽一も宮崎映画の「約束事」について発言をしているので参照されたい（宮崎駿『風の帰る場所』2002年、ロッキングオン、および2013年、文藝春秋）。

図9-1 『未来少年コナン』のブルーレイの外箱
ラナを抱きかかえるコナンが採用されている

　『未来少年コナン』においては、ヒーローのコナンは、ラナとの最初の出会いで「一生この女のために頑張るぞ」と決意します。ラナは漂流してのこされ島に到着し、波打ち際で意識を失った姿でコナンの前に現れます。コナンはラナを抱き上げ、救出しようとするのですが、その"演技"は、上述のように宮崎監督が考えていた仕草ではありませんでした。アニメーターの大塚康生さんは、写実的に「重力」を描き、「ヨイショっ」とラナを抱き上げたからです。そのためでしょう、同作中ではその後に"再戦"の場面がみられます。第8話では、ラナを抱きかかえながら、コナンが何度も跳躍するシーンが描かれています。まさにラナは"鳥のように軽やかに"抱きかかえられることで第1話の巻き返しがなされているようにみえます。これらの表現は、ヒロインのラナは"お姫様"であり、そのため、ヒーローによって抱きかかえられることに意味が置かれていると考えられます。

　『未来少年コナン』のブルーレイの外箱にもラナをかかえるコナンの絵が採用されています（図9-1）[2]。ラナを軽々と抱きかかえる

2　『未来少年コナン Blu-ray メモリアルボックス』（2011年、バンダイビジュアル）。

コナンは定型のようです。

　同様に、『天空の城ラピュタ』では、空から降ってきたシータをパズーが抱きかかえます。ラナのようにシータも意識を失っています。この抱きかかえる瞬間に、パズーは、エスコート・ヒーローとなるのでしょう。補足すれば、ラナは太陽エネルギーの権威ラオ博士の孫娘で、テレパシー能力を持つ。一方、シータは、ラピュタ王国に君臨した天帝の末裔、ラピュタの王。ヒロインは2人とも特別な出自や能力を持ちます。一方、コナンはのこされ島に生き残った野生児、パズーは鉱山で働く見習い機械工。「ふつうの少年」です。ヒロインはともに拉致され逃亡しようとして意識不明となり男性主人公と出会います。

　普通の少年が"お姫様"と出会う機会は、アクシデントでない限りありえないでしょう。2人のヒロインはともに逃亡を試み、意識不明の状態にあったという共通点があります。したがって、普通の少年がヒロインを救出する者になりえました。だからこそ、パズーは出会いの場面で、シータを"お姫様"として迎える必要があります。シータの落下場面に着目しましょう。シータは飛行船から転落したとき、最初は、頭を地面に向けて落下しています。しかし、しばらくすると大地と平行になり、仰向けになります（身体の向きを変更したのは、ペンダントの飛行石のエネルギーゆえという理由づけも視覚的に表現されています）。シータの身体はなぜここで向きが変更されたのでしょうか？　観客はその後の場面で、その理由に気づきます。竪坑でパズーがシータをいわゆる"お姫様抱っこ"するためだった、と（図9-2）。ここでは、ヒロインを"お姫様抱っこ"した男性主人公＝パズーは、この映画でエスコート・ヒーローになることを観客に予想させる〈視覚的叙述〉が使われています。

　ところが、です。宮崎監督は、パズーを単なるエスコート・ヒー

図9-2　パズーとシータの出会いの場面
© 1984 Studio Ghibli・H

ローと限定しては、描いてはいないようです。そこには、パロディ
の様相がみえます。

　パロディが成立するためには、宮崎監督の作品のアニメの視聴者
にとって、男性主人公がヒロインを抱きかかえる"お約束"が、成
立していなければならないでしょう。それが、アニメファンダムに
とって支えられていなければ、パロディはパロディとして伝わるこ
とはありえません。そこで、『未来少年コナン』を特集した雑誌
『アニメージュ』の付録[3]をみてみましょう（図9-3）。「チキショー、
コナンめ‼」「ラナはいったいコナンに何回ダッコされたんだろう。
ここに紹介するのはほんの一部です。」として、ラナを抱きかかえ
るコナンが1話、5話、8話、14話、18話、23話、24話に頻出する
ことが描かれています。つまり、コナンがラナをお姫さま抱っこす
ることは、視聴者にとって自明の事柄であったのです。このような
ファンダムを前提として、『天空の城ラピュタ』では、エスコー
ト・ヒーローのパロディが描かれていることがわかります。パズー

3　「ラナちゃん大人気ポスター」（『アニメージュ』1981年9月号付録）。ポスターの大きさは
　72cm×51cm。

14話。麦畑で

1話。コナンと

18話。水中で

5話。三角塔で

23話。空中で

5話。コナンと喜びのダッコ

24話。ギガントの中で

8話。脱出の喜びのため

ラナはいったいコナンに何回ダッコされたんだろう。ここに紹介するのはほんの一部です。

図9-3 『アニメージュ』1981
年9月号付録
コナンがラナを抱きかかえるシーンが特集されている

がシータと出会うシーンに戻りましょう。

　シータが空から降りてきたとき、パズーは、お約束通り、シータを"お姫様抱っこ"します。しかし、その直後にシータの重力が戻ります。そのため、パズーは「ヨイショっ」どころか、あらん限りの力を振り絞ってシータを抱き上げようとしています（図9-4）。王子様然としたスマートなヒーローではなく、コナンのような怪力の持ち主でもなく、普通の少年としてのパズーが表現されているのでしょう。別の箇所でも、エスコート・ヒーローとしてのパズーが滑稽化されています。映画の前半部分、パズーが自宅の屋根から飛び降りたあと、心配したシータがパズーの上に落下する場面をみてみ

図9-4　絵コンテ　シータを支えるパズー
（前掲『スタジオジブリ絵コンテ全集2　天空の城ラピュタ』）
© 二馬力

ましょう。そのとき、パズーは、エスコート・ヒーローよろしく、
シータを"お姫様抱っこ"しようとします。しかし、失敗。宮崎監
督の絵コンテには「無謀にもうけとめようとしたとたん」「シータ
の尻の下でひしゃげているパズー」と書き込まれています（図
9-5）[4]。視覚的な叙述を通してパズーが普通の少年であることを説
明しています。

　パロディとは、名作など広く知られている他者の作品の特徴を活
かしつつ、語句などの変更あるいは誇張を通して、滑稽味や風刺の
効果を与えることです。元の作品を知っていることが前提条件とな
ります。したがって、ここでは宮崎監督自身が『未来少年コナン』
における約束事を滑稽化しつつ、異化している様相がみえてくるで
しょう。さらには『未来少年コナン』のエスコート・ヒーローの約
束事を知る観客は、宮崎監督から、前作を踏まえた上でのパロディ
だ、という秘密のメッセージを受け取っているのでしょう。宮崎監
督は、アニメファンとメディアがつくるアニメファンダム、参加型
文化を前提として、エスコート・ヒーローのパロディを使っている

4　『スタジオジブリ絵コンテ全集2　天空の城ラピュタ』（2001年、徳間書店）。

図9-5　絵コンテ　シータの下で潰れるパズー
(前掲『スタジオジブリ絵コンテ全集2　天空の城ラピュタ』)
© 二馬力

ことがみえてきます[5]。

呼び起こされるチェルノブイリと宮沢賢治

　ここでは、『天空の城ラピュタ』と宮沢賢治の童話がいかに接続するか、という点に集中したいと思います。そのために、高畑監督も視野に入れるかたちでお話ししたいと思います。

　高畑勲監督『太陽の王子 ホルスの大冒険』(1968年) は、深沢一夫さんの人形劇『春楡の上に太陽』を基にしたアニメーション映画

5　ヘンリー・ジェンキンズ『コンヴァージェンス・カルチャー』(2021年、晶文社) 参照。

です。太陽の剣を託された少年ホルスが村人たちと団結し、悪魔グルンワルドと戦う、というストーリーになります。この映画の中では、空中を飛び、村や平原を雪で埋め尽くす雪狼が、子どもの命を奪おうとします。悪魔の妹であるヒロイン・ヒルダはその雪狼を追い払います。

　新潟県立近代美術館で開催された高畑勲展では、この雪狼の映像シーンが上映されていました[6]。高畑監督が記した『「ホルス」の映像表現』という書物をみると、12頁にわたって雪狼のショットが掲載されています。特別な思い入れがあったのでしょう[7]。雪狼——狼に喩えられた銀色の半透明の吹雪が、子どもを突き飛ばそうとする場面は、実は、宮沢賢治の童話『水仙月の四日』[8]からの引用であることが明らかです。なぜなら、「雪狼」自体が、宮沢賢治の創作であるためです。『水仙月の四日』では、雪狼は、空中を自由に飛び回る存在。雪婆んごのいいつけで子どもの命を奪おうとします。

　高畑勲展の資料を観覧してみると、『太陽の王子 ホルスの大冒険』の制作は、参加したスタッフがアイデアを出し合いながら、進めていたことがわかります。この映画に画面設計、レイアウトとして参加した宮崎監督は、豊富なアイデアとイメージを次々に提供して高畑監督を支え、同作の世界の創出に大きく貢献したそうです[9]。この場面の雪狼のイメージボートも、宮崎監督が描いています[10]。

　高畑監督、宮崎監督は、ともに宮沢賢治の愛読者です。高畑監督

6　「高畑勲展——日本のアニメーションに遺したもの」。新潟県立近代美術館、会期2021年9月18日〜11月14日。

7　高畑勲解説『「ホルス」の映像表現』（1983年、徳間書店）。

8　宮沢賢治『イーハトヴ童話　注文の多い料理店』1924年、社陵出版部・東京光原社）所収。

9　図録『高畑勲展　日本のアニメーションに遺したもの』（2019年、NHKプロモーション）。

10　前掲『高畑勲展　日本のアニメーションに遺したもの』。

は1982年に宮沢賢治の童話『セロ弾きのゴーシュ』をアニメーションとして映画化しました。

　この講で着目する『貝の火』という作品も、高畑監督がアニメーション化したかった宮沢賢治の童話になります[11]。参考までに、高畑監督は映像化したかった宮沢賢治の童話として『鹿踊りのはじまり』『雪渡り』『どんぐりと山猫』『税務署長の冒険』などをあげ、さきほどの『水仙月の四日』もあげています[12]。では、宮崎監督についてはどうでしょうか。

　宮崎監督は、『となりのトトロ』（1988年）の制作において、宮沢賢治の『どんぐりと山猫』（1924年）がもともとの発想だったと発言しています。アカデミー長編賞を受賞した『千と千尋の神隠し』（2001年）においても、作中で登場する海上を走る列車が『銀河鉄道の夜』からの影響であると述べています。宮沢賢治の童話は、宮崎監督のインタビューでたびたび言及されてきました。

　しかし、『太陽の王子　ホルスの大冒険』においては、宮沢賢治の童話は、（直接的な）引用としてクレジットされませんでした。したがって、『水仙月の四日』という作品は、映画の制作において童話の一場面（雪狼）が、呼び起こされているといえば良いでしょうか。

　同様に、『天空の城ラピュタ』でも、最終場面で宮沢賢治の童話である『貝の火』の一場面が呼び起こされているようです。補足するなら、童話『貝の火』は、高畑勲が最初に宮沢賢治の童話と出会った羽田書店版『風の又三郎』[13]の巻頭を飾る作品でした（図9-6）。また、1947年に刊行された「宮澤賢治初期動物童話集」の

11　高畑勲『映画を作りながら考えたこと II 1991-1999』（1999年、徳間書店）。
12　米村みゆき「「動物アニメ」の想像力──高畑勲のアニメーション映画と宮沢賢治」（『文藝別冊』2018年8月）。
13　『風の又三郎』（1939年、羽田書店）。

図9-6 『風の又三郎』(1939年、羽田書店) 外函と目次

図9-7 『貝の火』(1947年、日本書院) 表紙 (著者所蔵)

第1巻でもありました (図9-7)。表紙をご覧ください。燕がかかえているガラスのような大きな宝珠が確認できるでしょう。

＊

『天空の城ラピュタ』は、物語が進行するにつれ、前半部分で目立っていた漫画映画的な滑稽なカラーは抑えられていったようです。またあり得た方向性——可能態としてあった労働者を描く階層社会の論点も顕在化することはありませんでした。その一方で存在感を増すのは、飛行石を手にしてラピュタ王国を復活しようとする政府調査官・ムスカの存在です。彼は、ラピュタ王国の王として君臨し、地上の全世界を支配しようとします。しかしながら、その企みは、

シータの滅びのまじないによって失敗に終わります。その場面が、宮沢賢治の童話『貝の火』[14]を彷彿とさせています。みてゆきましょう。

　飛行石は強烈な閃光を放ち、ラピュタは亀裂しながら崩壊します。そこで、ムスカは──「目が、目が」と叫びます。視力を失ったムスカは、その後映画の画面から消えてゆきます。

　宮沢賢治の童話『貝の火』のあらすじは、次の通りです。川で溺れたひばりの子を助けたウサギの子どものホモイは、鳥の王から宝珠である貝の火を贈られる。貝の火は、玉の内側では美しく焔が燃えているような美しく透きとおった光を放つ。貝の火をもらった翌日、ホモイは出会った動物たちから大きな敬意を払われるようになる。貝の火は、美しい輝きを保つためには善行を積み続ける必要がある「宝石」であった。しかし、慢心したホモイは、きつねにそそのかされ悪事を働く。とうとう、貝の火は光を失い割れる。──その場面を童話から引用しましょう。

　　貝の火は鋭くカチッと鳴って二つに割れました。

　　と思うと、パチパチパチッとはげしい音がして見る見るまるで煙のように砕けました。

　　ホモイが入口でアッと言って倒れました。目にその粉がはいったのです。みんなは驚いてそっちへ行こうとしますと、今度はそこらにピチピチピチと音がして煙がだんだん集まり、やがて立派ないくつかのかけらになり、おしまいにカタッと二つかけらが組み合って、すっかり昔の貝の火になりました。玉はまるで噴火のように燃え、夕日のようにかがやき、ヒュー

14　『天空の城ラピュタ』と『貝の火』については米村みゆき「宮崎駿のアニメーションとその源流──『天空の城ラピュタ』を主軸にして」（『児童発達研究』8巻、2005年3月）を参照。

と音を立てて窓から外の方へ飛んで行きました。

　宝珠であった貝の火は光を失って砕け、その粉が目に入ったホモイは失明します。しかし貝の火は、再生して飛び立ちます。『天空の城ラピュタ』においても、ラピュタの崩壊の場面で巨大な飛行石がガラスを砕き、ムスカの目はみえなくなります。その後巨大な飛行石をかかえ込んだラピュタは上空へと飛んでゆく——ラピュタの崩壊やムスカの失明は、『貝の火』の物語と共鳴しています。参考までに、ムスカの台詞は、北米版『天空の城ラピュタ』では"My eyes! I can't see!"と訳されています。日本語版よりも、目がみえなくなったことが端的に表現されています。

　ここで、着目したいのは、童話『貝の火』と『天空の城ラピュタ』の共通部分がストーリーの構造のみに限定されていない点です。貝の火と飛行石はどちらも保持するのが難しい宝石／石という特徴を持つ点も注目されるのではないでしょうか。そして、ここでは『天空の城ラピュタ』制作時に勃発したチェルノブイリ原子力発電所事故が、大きな意味を持って立ち現れてくるのではないでしょうか。

　チェルノブイリ原子力発電所事故は、1986年4月26日、旧ソ連（現ウクライナ）のチェルノブイリ原子力発電所4号機で発生した史上最大の原子炉事故でした。大量の放射性物質が環境中に放出され、現在のベラルーシ共和国、ウクライナおよびロシア連邦やヨーロッパの各地が汚染されました。報道によれば、大気中に放出された放射性ヨウ素を牛乳を通じて摂取した18歳以下の小児4000名あまりに、甲状腺腫瘍が発症。推計団体によって数値は異なるものの、同事故によるがんの死亡者数は数千人に及びました。日本では当時、ヨーロッパ産のパスタの購入を控える人々が急増し、この事故をきっか

けに原子力発電に対し、危機感を持つ人々が増えました。

　日本で原子力発電が開始されたのは1963年。原爆による被災体験を持ちながらも原子力をエネルギー源として受け入れてきたのは、両者が言説上で峻別されてきたからです。2011年の福島第一原子力発電所事故が起こるまでは、原子力発電（所）は安全だという神話が日本人の多くに支持されてきました。だからこそ、「核の落とし子」として怪獣ゴジラを人間が生み出した恐怖の対象として描く一方で、21世紀の未来を舞台に原子力／核融合エネルギー源として活躍する少年型ロボットのアトムが人気を得てきたのです。このアトムとは、漫画家の手塚治虫が、当初、原子力の平和利用をテーマにしようとした漫画のキャラクターでした。

　原子力の平和利用は、アトムの漫画の直接のテーマにはなりませんでしたが、テレビアニメ『鉄腕アトム』の原作となりました。そして「アトム」は固有名詞として、原子力推進のキャラクターとして使用されてゆきました。核燃料サイクル開発機構など、アトムの知名度を借りて、原子力エネルギーは豊かな暮らしを実現するための夢のエネルギーであると宣伝されてきました[15]。

＊

　スタジオジブリは、原子力エネルギー関連の企業と関わることを徹底的に避けてきたスタジオです。スタジオジブリの鈴木敏夫さんは、東日本大震災が起こる半年ほど前、福島原発の施設内にスタジオジブリの商標であるトトロを扱う店舗が出店されていることに気づきました。そして、撤去するように求めました。その際、スタジオジブリ内では「80％の人が原発を安全だといっているのに、なぜ

15　米村みゆき「原爆、核──ヒバクシャ・アニメーション」（須川亜紀子、米村みゆき編『アニメーション文化　55のキーワード』2019年、ミネルヴァ書房）参照。

図9-8 『熱風』（2011年8月号）
表紙
©2011 Studio Ghibli

鈴木さんはそういう態度をとるのか」という意見が出たそうです。

また福島原発の関係者や原発賛成派の人たちから「原発は安全である」「東京であなたは仕事しているんだろ。それは福島原発の電気を使ってるんですよ」と抗議されたといわれます[16]。

3.11のあと、宮崎監督はスタジオジブリの小冊子『熱風』の表紙を飾っています（図9-8）。「NO！ 原発」というプラカードを首にかけているのがわかるでしょうか。このとき、スタジオジブリの屋上には、「スタジオジブリは原発ぬきの電気で映画をつくりたい」という横断幕が掲げられました。

『天空の城ラピュタ』に戻りましょう。『天空の城ラピュタ』のパンフレットで、飛行石は次のように説明されています。

16 特別座談会「スタジオジブリは原発ぬきの電気で映画をつくりたい」（『熱風』2011年8月）。

（前略）その使われ方は、やはり複雑高度化した「時代」を反映しており、持っていれば単に空を飛べるということでは納まっていません。

あるときはセンサー、あるときは操縦機、意志を持っているかのようにシータを助けたり、ムスカの手をはじいたりと、不思議な力を発揮していく「飛行石」が、ラピュタの最終兵器「雷の塔」のエネルギー源だったことにいきあたります。[17]

映画のパンフレットでは、ラピュタの飛行石が、時代によって使われ方が変わる「エネルギー源」と謳っているのがわかるでしょうか。参考までに心理学者の村瀬学さんは飛行石が「磁石」や「ウラン鉱石」の比喩になっていると述べています[18]。

映画『天空の城ラピュタ』の冒頭のクレジットにおいては、絵巻物風の背景画が科学の進展を描いています。それは、この論点と無関係ではないでしょう。雲の間から風の女神が息を吹きかけ、ゆっくりと風車が回る。そして風車の時代から、風を使わずエンジンによってプロペラを回す飛行船が空を飛ぶ。エネルギーの進展が描かれます。そして、ラピュタの飛行石も貝の火も、人間に幸福をもたらすとともに、使い方を間違えれば不幸をもたらすものとして描出されていることにも目を向けましょう。『天空の城ラピュタ』では、パズーとシータが地下廃坑で会うポムじいさんが、次のように発言しています。

〈その石には強い力がある。わしは石ばかり相手にくらしてきたからようわかるんだが、力のある石は人を幸せにもするが不幸を招くこともよう

---

17 「天空の城ラピュタ」映画パンフレット。
18 村瀬学『宮崎駿再考』(2015年、平凡社)。

あることなんじゃ……〉

〈ましてその石は人の手が作りだしたもの、その……気になってのう〉

「石ばかり相手」にしたポムじいさんの造型は誰でしょうか。実は、これも宮沢賢治と重なっています[19]。『銀河鉄道の夜』でカムパネルラが持つ黒曜石の地図の事例を俟たずとも、宮沢賢治は、詩や童話に鉱物を多く登場させていました。宮沢賢治は鉱物採集が趣味で、家族から石っこ賢さんとあだ名をつけられていました。人造宝石の事業さえ考えていました。参考までに、貝の火のモデルは、オパール（蛋白石）という説があります[20]。また、宮沢賢治の愛読者である作家・梨木香歩さんが『西の魔女が死んだ』（1994年）で鉱物好きの「おじいちゃん」を登場させているのも、宮沢賢治がモデルでしょう[21]。『西の魔女が死んだ』の主人公・まいの父親は、この祖父について次のように語っています。「おじいちゃんは会うたびにパパに石のことを教えてくれた。」「おじいちゃんは、石のこととなったら、まったく子供のように目を輝かせて夢中になるんだ。一緒に山を歩いていて、急に立ち止まって石を拾って、しげしげと見ていたと思ったら、あっという間に口の中に入れてもぐもぐやりだしたこともあったよ（引用者注：口の中に入れるのは石を鑑定したため）」。まいが滞在する２階部屋の窓際には、祖父母夫婦が英国で手に入れた蛍石が緑や青白い光を放ち不思議な輝きをみせています。さらに祖父は近所に住む「ゲンジさん（≠ケンジ／賢治さん）」と仲が良かっ

---

19 加藤碵一「鉱物に願いを──青い飛行石」も宮沢賢治の「石」好きな点から『天空の城ラピュタ』の飛行石について記している（前掲『ジブリの教科書２ 天空の城ラピュタ』）。

20 板谷英紀『賢治博物誌』（1979年、れんが書房新社）、鈴木健司『宮沢賢治における地学的想像力』（2011年、蒼丘書林）など。

21 梨木香歩「きみにならびて野にたてば」（『本の旅人』2012年10月号〜2015年11月号連載）の第１回では宮沢賢治について知った頃のことを記している。

たという設定です。

　宮沢賢治研究においては、『貝の火』は宮沢賢治の信仰した法華経や父親との関係などの伝記的な要素を解釈コードにして読まれてきました[22]。『天空の城ラピュタ』は、飛行石を通して『貝の火』という童話を「人を幸せにもするが不幸を招く」寓意譚として解釈されたものではないでしょうか。ここには、宮崎監督による『貝の火』の読み方が示されており興味深いものとなっています。

　『天空の城ラピュタ』は、宮崎監督によるアニメーション版『宝島』として、宮沢賢治『貝の火』を包含しながら力強いメッセージを放っているのでしょう。「夢のエネルギー」は人を幸せにもするが使い方を間違えれば不幸を招くのだ、と。ラピュタの飛行石は、原子力エネルギーを彷彿させつつ強い光を放ちます。このとき、『天空の城ラピュタ』は宮崎監督版『貝の火』となるのです。

22　宮川健郎「文学、あるいは、めまいの練習について」（『日本文学』1997年3月）。

宮崎駿監督と〈翻案〉
──『ハウルの動く城』における 階段、荒地の魔女の「老い」

長い階段と『王と鳥』──階段の〈翻案〉

　この講では第1講でも取り上げた『ハウルの動く城』を取り上げてゆきます。ここでは、再び宮崎駿の〈翻案〉に焦点をあててゆきたいと思います。

　宮崎監督による〈翻案〉の特徴は、『ハウルの動く城』の、どのような場面に表れているでしょうか？　原作であるダイアナ・ウィン・ジョーンズさんの作品との比較を通じて、4点取り上げたいと思います。1つめは階段の描写、2つめは荒地の魔女の「老い」、3つめはソフィーの造型、4つめは「戦争」の設定です。この講では2つ取り上げます。

　1つめの階段のシーンです。『ハウルの動く城』の制作にあたって、宮崎監督が、これだけはやろうと思ったシーンがあります。それは王宮の階段のシーンでした。絵コンテをみても60コマ以上あり、強いこだわりがみえます。

　階段のシーンには、先行するアニメーション映画へのオマージュをみることができます。それは、ポール・グリモー『王と鳥』（1952年→1979年）です（図10-1）。この作品について以下、紙幅を割きましょう。

　『王と鳥』（原題『やぶにらみの暴君』）は、フランス初期のアニメーション映画で、世界中のアニメーション作家たちに大きな影響を与

図10-1 『王と鳥』（1979年）の
DVD ジャケット

えました。もちろん高畑監督や宮崎監督も例外ではありません。高
畑監督にいたっては、この映画について『王と鳥　スタジオジブリ
の原点』（2006年）『漫画映画の志「やぶにらみの暴君」と「王と
鳥」』（2007年）などの書物を編んでいます。この映画は、独裁政治
下のタキカルディ王国で、高層階の部屋の中に飾られた３枚の絵
（王、羊飼いの娘、煙突掃除の青年）の中の人物を中心にして始まります。
肖像画として描かれた王は、煙突掃除の青年と恋仲にある羊飼いの
娘に横恋慕します。羊飼いの娘と煙突掃除の青年は、王の追っ手か
ら逃れるために長い階段を駆け降りますが、その階段の場面は観る
者を圧倒します（図10-2）。

　映画『王と鳥』について付言すれば、ここで描かれている王の肖
像画は、歴史家・エルンスト・カントロヴィッチによる『王の二つ
の身体』（1957年）における「政治的身体」を彷彿とさせており、興
味深いものとなっています。カントロヴィッチはヨーロッパの絵画

図10-2 『王と鳥』の階段のシーン

© 1980 LES FILMS PAUL GRIMAULT – STUDIOCANAL IMAGE – FRANCE 2 CINEMA

図10-3 本物と王と絵の中の王が入れ替わる（『王と鳥』）

史において王の肖像画が果たした役割を研究しましたが、肖像画の
中の王の眼差しは、生身の王の身体が滅びた後も「政治的身体」と
して権力的に機能すると述べました。映画『王と鳥』では、まさに
その様相が描かれているのです。肖像画の中の王は、生身である
「やぶにらみ」[1]（斜視）の王を葬り、すり替わってタキカルディ王国

を継承するのです（図10-3）。また、「やぶにらみ」の王は、自分の顔を忠実に描く画家——「やぶにらみ」の眼を写実的に描いてしまう画家を処分してゆきます。そのため、すり替わった肖像画の王は、もはや「やぶにらみ」ではなく、両目とも同じ方向（鑑賞者の方向）を眼差す王となっています。この映画は、王の肖像画が「政治的身体」として、現実の社会の中で果たす役割を見事に寓話化しているといえるでしょう。

『王と鳥』の映画制作が複雑な経緯を経ていることも、ここで補足しておきましょう。『やぶにらみの暴君』は制作着手から４年を経るも完成せず、プロデューサーのアンドレ・サリュが、脚本担当のジャック・プレヴェールとグリモーの承認を得ないまま映画を公開しました。

そのためその後、映画フィルムは回収され、27年後にプレヴェールとグリモーは『王と鳥』と改題して、映画を完成させました。一方、『やぶにらみの暴君』については、日本では1955年に公開されており、映画関係者や知識人のあいだで大きな反響を得ました。画期的な点の１つは、ディズニー映画とは異なる演技（タイミング）や垂直方向の動きが表現されていたことでした。

宮崎監督は、この映画をフィルムがボロボロになるまで繰り返し観ては、上り下りの舞台の高さを表現する技法を学んだといわれます。実際、宮崎監督がアニメーターとして大きくかかわった『長靴をはいた猫』（1969年）の城のアクションや、監督作品である『ルパン三世　カリオストロの城』（1979年）のヒロインのカーチェイスの末路の断崖絶壁でのサスペンション、『天空の城ラピュタ』の高架

1　「やぶにらみ」は差別的な表現であるが、本書では同時代の文脈を鑑みたため、別の表現への変更を避け、括弧付きで用いた。

図10-4 『千と千尋の神隠し』の一場面
高所でのサスペンスが描かれる
© 2001 Studio Ghibli・NDDTM

橋での宙吊り状態などにその技法が実現されていることがわかります。大学の授業で、学生に『王と鳥』をみせると、『千と千尋の神隠し』で千尋が湯屋を屋根づたいに歩く場面（図10-4）を思い出した、という人もいます。また、『王と鳥』の宮殿は、人間不信の暴君が、臣下を制裁するために至るところに罠（装置）を仕掛けています。この罠は『ハウルの動く城』の王宮にも活かされているようです。城の罠によって荒地の魔女は魔力を奪われるため、ソフィーは城について「まるで罠だわ」という台詞を吐いています。

　先行するアニメーション映画の"引用"とは別に、『ハウルの動く城』の階段には、モデルとされている場所もあります。フランスのパリにあるサクレ・クール寺院です（図10-5）。サクレ・クールは、丘陵の上にあるため、この写真にみえる階段に至るまで人々は坂道を上ってゆきます（図10-6）。そのため、この階段を上ると映画中のソフィーのように、市街を一望することができます。パリの市民や観光客が多く訪れているスポットとなっています（図10-7）。

　それでは宮崎監督はこの階段の場面をどのように〈翻案〉したのでしょうか。ソフィーと荒地の魔女がぜいぜい息を切らし、汗を飛

図10- 5　サクレ・クール寺院（著者
撮影　2019年）
長い階段がみえる

図10- 6　サクレ・クール寺院の案内
階段を使わずにケーブルカーでも上れる
©Charles J.-M.montage vitraux

び散らせながら、王宮の階段を上る表現は『ハウルの動く城』にお
いても出色となっています。この階段の場面は原作であるダイアナ
さんの童話では、

"as she puffed her way dizzily up past them（兵士の前を〔引用
者注：暑さで〕息を切らしてとおりすぎながら）"[2]

とあります。具体的な様相は描かれていません。上るのもソ

2　Diana Wynne Jones, *Howl's Moving Castle*（1986年、日本語訳は西村醇子訳『魔法使い
　　ハウルと火の悪魔』1997年、徳間書店）、以下の引用も同じ。

図10-7　サクレクール寺院からの眺め（著者撮影　2019年）
パリ市街を見渡す観光客

フィー１人です。しかし、宮崎映画では、ソフィーや荒地の魔女を、前後左右斜めに身体を揺らしながら必死で歩かせる必要があったようです。興味深いことに、体力を消耗しながら上る２人の高齢女性の——とりわけ荒地の魔女は身体が崩れ落ちそうな姿をみせる——「演技」と、様々ながらくたの断片がかろうじて繋ぎ合わされ、動くたびに部品のいくつか落下しそうな城の「演技」[3]は、その歩行（動き）のぎこちなさで、アナロジーが見受けられるようです。ダイアナさんが表現した城は「動く」とはいいながらも、いつのまにか城の位置が移動しているものでした。城の外観も建造物という固定的なイメージから離れていません。

　ところで、この階段に、アニメーションの独特の"騙し絵"が用

3　『ハウルの動く城』の城は、ロシアのアニメーション作家のユーリー・ノルシュテインによる切り紙アニメーション『霧の中のハリネズミ』の制作を倣って造型されている。切り紙アニメーションは、間接部分を針金のようなもので留めて、パーツごとに動くように設定されている。そのため、ハウルの城も動くたびに、断片ごとに多方向へ動く仕組みとなっている。

図10-8　階段全体が1フレームで描かれる
© 2004 Studio Ghibli・NDDMT

　いられていることにお気づきでしょうか。ソフィーと荒地の魔女と老犬のヒンは、高齢で激しく体力が衰えているため、颯爽とステップを上ることができません。それを効果的に表現するために、『ハウルの動く城』では、王宮の階段の勾配が、最初に映し出すショットと、後のショットでは異なってみえています。最初は、階段全体がワンフレームに映し出されています（図10-8）。階段の傾斜は緩やかです。ところが、ソフィーが階段を上るにつれて、次第に勾配が急になっています。ソフィーの背景に描かれる階段やソフィーが下にいる荒地の魔女をみるときの階段は、当初の勾配よりも明らかに傾斜が変化しています（図10-9）。これは、アニメーションの制作が集団作業ゆえに階段の高さや勾配が描く人によって異なってしまった、というしくじりではありません。

　宮崎監督の絵コンテ（アニメーションの設計図）を確認してみると、もともとこのような階段として設計されていたことがわかります。ここでは、むしろ、階段を上るソフィーの皮膚感覚を映していると考えた方がよいでしょう。高齢になったソフィーにとっては、階段の段数や勾配は若いときよりも数倍以上に感じられる、と。すなわち階段という小道具は、高齢者の心情を表現するためのギミックと

図10-9　ソフィーが階段を上るにつれ、階段の傾斜が増してゆく
© 2004 Studio Ghibli・NDDMT

図10-10　上空をハウルと歩行するソフィー
© 2004 Studio Ghibli・NDDMT

して貢献しています。この場面は、映画の冒頭で、18歳だったソフィーの姿と比較するとより一層明瞭となるでしょう。ハウルと初めて会ったとき、ソフィーはハウルと街の上空を空中歩行しています（図10-10）。空中浮場に表現されているのはソフィーの心の解放であり、（ハウルに一目惚れしてしまう）ソフィーの浮き立った気持ちです。それに対し階段の場面は、地面の重力に抵抗できず、地表にへ

図10-11　階段を上り切ったソフィー
遠景に街全体がみえる
© 2004 Studio Ghibli・NDDMT

ばりつく高齢者の姿が表れているようです。したがって、階段を上り切ったソフィーの目線からみた町の眺めが、最初のショットよりもはるかに高位置に設定され、街全体を俯瞰する表現となっているのは、高齢者・ソフィーの達成感を伝える効果をいっそう伝えているでしょう（図10-11）。

ネガとしての荒地の魔女――原作に準拠した脚色

　前節では『ハウルの動く城』の階段の傾斜が、高齢者という年齢に即した皮膚感覚を表現する装置として用いられているのをみました。高齢の表現は荒地の魔女の脚色にも示されています。「エイジング」についての論点になります。

　『ハウルの動く城』は、18歳の主人公ソフィーが、荒地の魔女の呪いによって、90歳の「おばあちゃん」に変えられてしまう話です。高齢者に変貌したソフィーは、家を飛び出しハウルの城の掃除婦として城に居座り、国王付きの魔法使いになる要請から逃げ回るハウルや、城の住民たちと共同生活をします。

　映画のキャッチ・コピーは「ヒロインは、90歳の少女。」でした。

図10-12　デイケアサービスセンター（『崖の上のポニョ』）
© 2008 Studio Ghibli・NDHDMT

しかし、この映画には、ソフィーの他にもう1人の高齢女性が登場
します。荒地の魔女です。実は、この高齢者としての「荒地の魔
女」像は、宮崎映画のオリジナルです。ダイアナ・ウィン・ジョー
ンズさんの原作『魔法使いハウルと火の悪魔』（*Howl's Moving
Castle*）では、荒地の魔女の若い美貌は、強い魔力によっておおむ
ね保持されています。魔女はハウルの敵として作品の末尾までハウ
ルにとってずっと脅威の存在であり続けるのです。一方、宮崎映画
における荒地の魔女は、物語の中盤で王室付き魔法使い・サリマン
の魔力によって弱体化し、本来の年齢に戻ります。外見から判断す
ればかなりの高年齢らしく、ソフィーによって介護される存在とな
ります。すなわち宮崎監督は、荒地の魔女をソフィーと同じように、
高齢女性に脚色していることがわかります。つまり、高齢女性をダ
ブルで描出しているのです。なぜなのでしょうか。

　1つには、宮崎監督は、現実の高齢社会を反映して、介護される
高齢者を登場させたのでしょう。なぜなら次作となった『崖の上の
ポニョ』で、デイケアサービスセンターを登場させているからです
（図10-12）。この2つの映画の連続性を考えると、『ハウルの動く城』
では自宅でケアする在宅介護、『崖の上のポニョ』では老人ホーム

図10-13　ハウルや隣国の王子に見惚れる荒地の魔女

ハウルをじっと見つめる荒地の魔女に対して、ソフィーは別の方向をみている

© 2004 Studio Ghibli・NDDMT

での施設介護を表現したと捉えることができるでしょう。

　しかし、この理由を措いて、気になる点があります。脚色された荒地の魔女が、戯画化されて描出されていることです。荒地の魔女はハウルや隣国の王子をみては「いい男だね」とみとれています（図10-13）。あたかも若い男に見境がない高齢女性のように描かれているのです。この場面（図10-13）の左の２枚は、画面の切り返しがあっても、連続してハウルに視線を向けている荒地の魔女がみて取れるでしょう。荒地の魔女の視線を通して、魔女がハウルに夢中であることが説明されているのです。一方、ソフィーは、ハウルとは別の方向をみており、対照的に表現されています。ここでは、宮崎監督が視覚的な表現を通して、登場人物の気持ちを盛り込んでいることが確認されるでしょう。ほかの場面ではどうでしょうか。

　映画の後半で、荒地の魔女がハウルの心臓をみつけた場面は、魔女の恋心がクライマックスに達していることが描かれています。荒地の魔女は、暖炉にあったハウルの心臓を摑もうとして、火だるまになりながらも決して離そうとしません。ハウルの心臓は文字通りheart（愛情）というメタファーとなっていることに気がつきましたか？　魔女は、なんとかして、ハウルのハートを摑もうとするのです。この点は一見すると、ハウルの心臓／ハートを摑むことに躍起になる高齢女性の醜態が描かれているようですが、実は、荒地の魔

女の姿は、ソフィーのネガの役割を果たしていると思われます。

　ソフィーが恋煩い（？）をしている場面をみてみましょう。荒地の魔女は、ため息ばかりするソフィーに対して、恋のためだと指摘します。ソフィーは魔女に恋をしたことがあるのかと尋ねると魔女は「いまもしてるよ」「若い心臓はいいよー」と答えます。そのため、ソフィーは驚き、呆れます。なぜソフィーは魔女に呆れるのでしょうか？　それは「いい年をして、心だけは若いつもりでいるのかしら」という含みでしょう。しかし、そうであるなら、ハウルに恋をするソフィーはどうでしょうか？　ソフィーこそ外見は90歳の「おばあちゃん」なのではないでしょうか。

　すなわち、ソフィーもまた「（外見は）いい年をして、心だけは若い」高齢女性を体現していることがみえてきます。そして予想通り、宮崎監督は、ソフィーを通して高齢者の恋を表現しています。高齢になったソフィーがハウルの城を訪れた翌朝、台所に立つソフィーにハウルが近づき身体が触れ合う場面は、クロースアップでソフィーの心情を大写しにします。それが、ハウルに対するソフィーのときめきを表しているのは、フライパンをつかもうとするハウルの手がソフィーの手の上に一瞬重なるのをクロースアップで映し出すことから了解されます。近づくハウルにどぎまぎした様子は、ソフィーの心情を描き出しています。高齢者の恋の問題が忍ばせてあるのでしょう（第1講を参照）。明確に描いている箇所は、浴室から出てきたハウルの、腰に巻いてあったタオルが落ちるシーンです。動じまいと踏ん張るソフィーの姿に、かえってソフィーのうろたえの大きさが映し出されています（図10-14）。このシーンも、やはりダイアナさんによる原作小説には存在しません。

　整理してみましょう。宮崎監督は、ダイアナさんの原作にあった18歳の少女が90歳の高齢者になるソフィーの設定に「外見は高齢者

図10-14　ハウルの腰に巻いたバスタオルが落ちるが考えまいとするソフィー
　　　　の表情には、むしろその動揺が際立つ
© 2004 Studio Ghibli・NDDMT

だが心は若い」女性の姿を読んだのでしょう。そのため異性として
のハウルに意識的であるシークエンスが加筆されています。そして、
そのソフィーの設定を荒地の魔女にも添加して脚色しているのです。
『魔女の宅急便』のジジの脚色にも見受けられた「原作に準拠して
添加された脚色」がここでも見受けられるのです。観客は、ソ
フィーを通して、若い女性と高齢の女性の二重の姿をみています。
それは、ネガとしての荒地の魔女を通して、外見は年老いているが
心は若いという高齢者の恋を描いているのです。とすれば、映画
『ハウルの動く城』には、「外見にかかわらず恋心はいつまでも現役
である」という高齢者の恋に対する応援歌の相貌がみえ始めるので
す。

「かわいいおばあちゃん」と翁童文化

　ここで、ソフィーが荒地の魔女を「おばあちゃん」と呼んでいる
ことへと話題を変えてみましょう。日本には、翁童文化というもの
があります。高齢者と乳児（赤ん坊）を同一視する考え方です。還
暦（満60歳）のお祝いに「赤いちゃんちゃんこ」を贈るのは、年を

図10-15 「かわいいおばあちゃん」の荒地の魔女
© 2004 Studio Ghibli・NDDMT

経ると赤ん坊に還るという考えに基づきます。介護施設でしばしば問題となってきたことですが、介護職員は（女性の）入居者を「おばあちゃん」と呼んだり、食事を補助する際に「あ〜んして」などの赤ちゃん言葉で話しかけることがありました。入居者は職員の「おばあちゃん」ではないし、もちろん赤ん坊でもありません。映画『ハウルの動く城』では、荒地の魔女は、90歳になった高齢女性（＝ソフィー）から「おばあちゃん」と呼ばれています。魔女はどのような気持ちを抱いているのでしょうか。荒地の魔女はソフィーが18歳であることを知っているから、と説明づけることもできるでしょう。しかしながら、ソフィーからスプーンで食事をもらう荒地の魔女が、可愛らしい「おばあちゃん」の風貌であることには注意が必要でしょう（図10-15）。

　なぜなら、高齢女性の場合には「かわいいおばあちゃん」になることは生存戦略であるからです。自分が「かわいいおばあちゃん」でさえいれば、まわりからお世話してもらえる——それゆえ、高齢女性は喜んで赤ん坊のように振舞うのかもしれません。Bunkamuraドゥ・マゴ賞を受賞した佐江衆一の小説『黄落』（1995年）（図10-16）は、92歳の父親と87歳の母親を息子が妻とともに介護

図10-16　佐江衆一『黄落』（新潮文庫）表紙

する話ですが、その中には「かわいいおばあちゃん」を演じる高齢女性が登場しています。小説家の佐江を思わせる主人公の母親は、首をすくめて笑います。その母親の仕草は、母親の世話を担う主人公の妻と親しくなってから始まった癖です。妻が「おばあちゃま、可愛いところがあるのね」と半ばおだててからするようになったようです。しかも母親は、まわりに介護の負担をかけまいとして自死を選びます。一方、主人公の父親の方は「かわいいおじいちゃん」になれないため、妻から介護を嫌がられ「損な性分」です。しかし嫁に世話してもらうことは当然のことと捉えています。

　『ハウルの動く城』に戻りましょう。荒地の魔女は、サリマンに魔法をかけられる以前は傲慢な性格の女性でした。しかし、介護が必要な高齢者になってから「かわいいおばあちゃん」になっています。しかし、ただ非力かつ無害な高齢者であり続けたわけではありません。戦争の勝利を告げる報道に「信じるものは馬鹿ものだけさ」と発言したり、葉巻を悠然とくゆらせる姿は威圧的です。その態度の振幅は、かわいいおばあちゃんがパフォーマンスである可能性をみせています。

　私たちは、翁童文化はときとして、高齢者に「お芝居」をさせる

抑圧装置となっていることに気づくのです。そこにはジェンダーに
関わった問題も関与していることがわかります。

『ハウルの動く城』と戦争

──『ハウルの動く城』 その2

ソフィーの造型の違いは何をもたらすのか

前講からの続きで、宮崎駿の〈翻案〉の特徴を表す場面を取り上げてゆきたいと思います。ここでは、主人公であるソフィーの造型について考えてみましょう。

ダイアナさんの原作では、物語の最後で呪いが解けるまで、ソフィーは一貫して高齢者の姿のままです。ダイアナさんの原作には、〈物語〉がいかに私たちに刷り込まれ、支配しているかを問う側面がみえます。シンデレラ・コンプレックスを取り上げるまでもなく、数々の昔話や御伽噺が、女性の無意識に抑圧を与えてきたことは広く知られています。ソフィーが囚われているのも、どうやらシンデレラの物語をはじめとする"長女は成功する見込みがない"という、昔話のパターンのようです。作品の冒頭では、昔話でおなじみのアイテムが存在する国であること、その国で年長に生まれることの不運が語られます。

Everyone knows you are the one who will fail first, and worst, if the three of you set out to seek your fortunes. (運だめしに出れば、〔昔話にあるとおり〕、長男や長女がまっ先に、それも手ひどく失敗することぐらい、誰だって知っていたからです)[1]

ソフィーは、あらゆる場面でのしくじりを「長女だから」という事実によって受け入れています。しかし、作品の末尾では、ハウルにプロポーズされたとき、こう思うのです。

　Sophie knew that living happily ever after with Howl would be a good deal more eventful than any story made it sound, she was determined to try. （いっしょに暮すとなれば、何事もなく幸せに暮すおとぎ話とは大違い、もっと波乱に満ちた暮しになることでしょう。でも、やってみる覚悟はできています。）

　いわば、〈物語〉の刷り込みから逸脱するところに、ソフィーのハッピーエンドが準備されているのです。ダイアナさんの原作では、ソフィーが、〈物語〉のパターンの囚われから解放されることで呪いが解けるのです。

　一方、宮崎映画のソフィーは、90歳になって"おばあちゃん"になるものの、ときとして実年齢に近い18歳に戻ったり、中高年に近い年齢になったりと揺れ動いています。ダイアナさんの原作童話では、ソフィーは一貫して「おばあちゃん」ですが、宮崎映画ではソフィーはときどき若返るからです。ダイアナさんの童話を読むと、実は、ソフィーは自分で高齢者になる魔法をかけていたことが明らかになります。つまり、ソフィーは自分自身の思い込みで、高齢者の「型」に囚われていたことがわかるのです。映画『ハウルの動く城』では、ソフィーは王室付き魔法使いのサリマンに反発してハウルの長所を主張する場面で若返りますが、それはソフィーが「型」

1　日本語訳者の西村醇子は、読者への配慮として原文にはない「昔話にあるとおり」という意味を日本語訳で補っている。

から脱けだし、本来の自分を取り戻しているのでしょう。『魔女の宅急便』のジジの脚色にも見受けられた「原作に準拠して添加された脚色」が『ハウルの動く城』でも見受けられるのです。

このソフィーについて、精神科医の斎藤環さんは「自らの真の欲望に直面することを回避するための幻想」という側面を見出しています[2]。若い人一般に見受けられる傾向であるが、人生の目的がない、やりたいことがないというのはアリバイであって、その裏には夢を持つことが怖い、傷つくことが怖い、という考えがあるのだというのです。なるほど、ソフィーは妹のレティーとの対話の中で、自分は美人でないからと発言して妹から呆れられています。一生帽子屋にいるつもりかと問われた際には「お父さんが大事にしていたお店だし、……私、長女だから……」と口ごもります。このようなソフィーの姿は、斎藤さんの言葉を借りるなら、跡継ぎであるからというアリバイづくりによって帽子屋の仕事に取り組んでいる、容姿に恵まれないというアリバイづくりによって地味な洋服を選んでいることになります。つまりソフィーは自分に自信が持てない人物として造型されているのでしょう。街が出兵パレードで活気にあふれていてもそれを避けるかのように裏通りを歩くのも、ソフィーの「内向き」の心を表しているようです。

しかし、外出前に鏡に向かって一瞬微笑む姿には、"自分に自信を持ちたい"という真の欲望も密かに顔をのぞかせているのではないでしょうか（第1講参照）。高齢になったときも、我を忘れたときには若い娘に戻るものの、サリマンから「ハウルに恋をしているのね」と指摘されたり、ハウルから「きれいだよ」といわれると、すくんで高齢者に戻ってしまいます。それは、これらの言葉がソ

---

2 斎藤環「キスのある風景」（『宮崎駿の世界』2005年、竹書房）ほか参照。

フィーの"真の欲望"の存在をいい当てているからなのでしょう。しかしソフィーは高齢者になったことで「服も前より似合ってるわ」と若さに裏書された自信を持つ必要がなくなるようです。「年寄りのいいとこはなくすものが少ないことね」という発言の通り、ソフィーは若さ（外見）＝殻を持たなくても、やってゆけることを知るのです。だからこそ、おばあちゃんになったソフィーは、活動的なのです。参考までに、ソフィーが洋服について言及する台詞は、北米版の『ハウルの動く城』では、"Your clothes finally suit you."（ようやく、服が自分に似合うようになったわ）となっています。高齢者になったことでようやく自分と洋服が調和することができたと強調しています。

　ところで、みなさんは、宮崎映画の後半部分で、ソフィーがほかの登場人物にキスをする場面が多いことに気づきましたか？　ハウルに、カルシファーに、荒地の魔女に、案山子のカブと、やたらにキスをするのです。このキスの多くはソフィーからの「ご褒美」の意味として描かれています。とすれば、このキスが表すのは、ソフィーは自分自身に対して「自信を持った」ことなのでしょう。いうまでもなく、ご褒美のキスは、自分のキスが相手にとってご褒美であるという前提でなされるものだからです。では、ソフィーはいつ自信を持つようになったのでしょうか？　カルシファーに自分の髪の毛をエネルギー源として差し出す場面のようです。この場面の絵コンテをみてみましょう（図11-1）。ここに、宮崎監督の指示として「ヒロインようやく登場!!」という書き込みが見受けられます。そして、この映画の末尾で「若返った」ソフィーは、もはやみすぼらしい帽子ではなく、ツバの広い帽子をかぶっています。洋服も明るいカラーのものを身に着けています。自信を持った若い女性であることが示されているのです。

図11-1　カルシファーがソフィーの髪の毛を食べる場面の絵コンテ
「ヒロインようやく登場！！」という書き込みがある。
(前掲『スタジオジブリ絵コンテ全集14　ハウルの動く城』) © 二馬力

　ソフィーの造型には差異がありますが、ダイアナさんも宮崎監督
も「自らの囚われ」から解放されるソフィーを描く点で共通してい
るようです。

物語への加筆と混乱──戦争の加筆

　4つめの「戦争」の設定についてみてゆきましょう。

　『ハウルの動く城』が公開された当時、映画評で頻出したのは、
作品として"破綻"しているというものでした。たとえばこんな風
に。「「ハウルの動く城」は支離滅裂」。「鳴り物入りで公開されたも
のの、筋立てもろくに分からぬほど混乱した出来となっていた」。
「さっぱり筋が通っておらず、何を描きたかったのか判然としな
い」[3]。確かに、映画のパンフレットを捲っても、制作意図や宮崎
駿のインタビューなどが見出せず、映画の主題がわかりにくいもの
となっています[4]。

　では、映画『ハウルの動く城』が、観客に"破綻"した印象を与
えた要因は何なのでしょうか。1つには、語られるべき情報の書き

3　佐藤健志「「ハウルの動く城」が物語る戦後日本と「論理の死」」(『正論』2005年3月)。
4　鈴木敏夫は『ハウルの動く城』は、試写会などでプレスシートをなくすなどの情報削減をし
　たと語っている(「情報過多と戦った「宣伝しない宣伝」」『電通』2005年12月)。

込み不足と思われます。

　たとえば、ソフィーの家族の事情が判然としません。妹・レ
ティーとの対話の中で、ソフィーは長女だから父親の帽子屋を継い
でいることがわかりますが、なぜ姉と妹は離れて暮らしているのか
不明です。また母親と再会する場面では、ソフィーは「仲直りでき
た」と語りますが、2人の間に何があったのかわかりません。映画
の後半で、ハウルの城の住民はソフィーの家（帽子屋）に引っ越し
てきますが、どうしてソフィーの家が空き家になっていたのか不明
です。しかし、原作を手がかりにすれば、いくつかの情報で補うこ
とが可能です。ソフィーの母親は父親の2度目の妻であり、ソ
フィーにとって義母にあたること、父親が急死したために、経済上
の理由からレティーはカフェ＆パン屋チェザーリの店へ奉公に出さ
れたこと[5]。城の引越し先が、かつてソフィーの住まいの帽子屋で
あったという設定は、母親が再婚し、跡継ぎのソフィーも家出した
ため、帽子屋を売りに出していたこと。ソフィーは妹から、母親は
“娘を働かせなから自らは遊びまわっている”と聞き、母親にわだ
かまりを持っていたこと。同作には原作を参照しなければ、詳細が
わからない場面が散見されます。もちろん、宮崎監督が、様々な理
由を事細かに説明する必要がないと考えたことも十分に予想されま
す。尺の制限が大きかったことが最も大きな要因だったかもしれま
せん。一方で、原作を参照すれば判明する事実があることは、映画
の情報不足を視聴者に印象づけるものになっているでしょう。

　しかし、上述の原作の書き込み不足とは明らかに位相の異なる混
乱が、同作には見受けられます。それは、原作にはない点、宮崎監

5　原作では、3人姉妹の末っ子のマーサが登場するが、映画では「南町のマーサ」という名前
　のみ言及される。

督がこの映画に対して行った最も大きな変更点＝オリジナルに加筆した部分です。それは戦争の描出の問題であり、この映画の中枢に関わる事柄でしょう。この脚色部分こそが、映画『ハウルの動く城』の破綻を招いた要因として考えられるのです。

　ダイアナさんの原作では、"High Norland and Strangia about to declare war on us（敵国高地ノーランドおよびストランジアが今にもわが方に宣戦布告しようとしている情勢）"と言及されます。しかし、戦争の影は薄く、戦火のシーンはありません。ハウルが国王に命じられるのは、行方不明になった国王の弟とその弟を探しに行って消えた魔法使いサリマンの２人を探し出すことでした。しかし、ハウルは、国王から逃げ、自分の城も不在にし、女性を口説き落とすことに夢中になるばかり。戦いのシーンは、荒地の魔女との魔法によるものが繰り広げられるのみです。

　一方、宮崎映画では、ときは愛国主義全盛の時代。隣国と戦争をしているという設定です。原作には描かれなかった「戦争」が全面にゆきわたっています。冒頭場面から空のむこうに戦闘機が飛び交うロングショットが示され、戦火の場面はいうまでもなく、俯瞰視点による隊列なども映し出されています。「愛国主義全盛」の時代設定は、銃に花が飾られ、港も軍港となり、街は歓呼の中で兵士が闊歩する場面に明らかです。ソフィーの母親が町で流行しているとみせる帽子の飾りには、銃口がみえています（図11-2）。そして、ハウルが王室に呼ばれる事情も、原作における国王の弟の捜索から、戦争を理由に国家に協力することへと変更されます。ダイアナさんの原作では、荒地の魔女によって敗北したサリマンは、宮崎映画では王室付き魔法使いとして、戦争遂行の実権を握る人物になっています。

　問題となるのは、この映画における戦争の描出に関わる筋道が錯

図11-2　ソフィーの母親の帽子
飾りに銃口がみえる
© 2004 Studio Ghibli・NDDMT

綜しているようにみえる点です。戦争の終結は、ハウルがカルシ
ファーから心臓を取り戻し、案山子も呪いから解放された様子を水
晶玉で覗きみたサリマンが「しょうがないわねえ。総理大臣と参謀
長を呼びなさい。このバカげた戦争を終わらせましょう」という台
詞で終わるものであり、やや唐突な印象を与えています。サリマン
がハウルたちの状況を「ハッピーエンド」とすることで、戦争が
とって付けたように不意に終わっているようにみえるからです。実
のところこの戦争は、隣国が、自分の国の王子が行方不明になった
ことを敵国の仕業と思い込んだために生じているのですが、視聴者
にはわかりにくいでしょう。

　実は、英語吹替版である北米版の *Howl's Moving Castle* では、
戦争をした理由が描出されています。町の人々の噂話として、隣国
の王子が行方不明になったのは、この国の仕業だから攻撃してきた
のだ、と。次のような台詞です。

〈They say their prince is missing. And they are blaming us.
Year, and it sounds like they're gonna start a war.

Let's hope the prince turns up soon.
（隣国の王子が行方不明だそうだ。それでわが国が攻められているよ。
そうだよね。隣国は戦争を起こしそうだ。
早く王子が現れることを願いましょう。)〉

　したがって北米版では、宮崎映画の最後で案山子が隣国の王子
だったとわかり、すぐにサリマンが戦争終結を宣言することが納得
のゆく筋立てになっているのです。北米版の映画末尾にある隣国の
王子の台詞もみてみましょう。

　〈Thank you, Sophie. I'm the prince missing from the
neighboring kingdom.
　（ありがとうソフィー。私は行方不明になっていた隣国の王子です。)〉

　参考までに、英語版のフィルムコミック版[6]を確認すると I'm
the prince from the neighboring kingdom. となっており、missing
(行方不明の) という語はありません。したがって北米版の映画は、
隣国の王子が、呪いで案山子になって行方不明だったことを強調す
るものとなっていることがわかります。
　実は、宮崎監督も開戦の噂を〈視覚的叙述〉として設定していた
ことがわかります。ソフィーが家出する場面の絵コンテをみると、
ソフィーの背景にいる紳士に「新聞などをみながら討議中　開戦し
たのだ」と記しています (図11-3)。
　宮崎映画 (日本語版) については、当時、国際協力機構理事長だっ
た緒方貞子さんが次のようなコメントを寄せています。「本当に戦

6　*HOWL'S MOVING CASTLE*, VIZ Media.2005.

図11-3　絵コンテでは、街の人々の噂として「開戦」が表現されている
（前掲『スタジオジブリ絵コンテ全集14　ハウルの動く城』）© 二馬力

争をしたいのかしたくないのか、よくわからないように描いているようにも感じました」[7]。戦争の賛否について不明瞭であると指摘しているのですが、それは、戦争がどのような状況において何を目的としてなされたのかわかりにくい点も一因となっているのでしょう。なぜなら、ハウルの行動も不明瞭だからです。ダイアナさんの原作では、ハウルは女性を口説くために城を不在にしていました。一方、宮崎映画では、「戦争」の背景が全面に加筆されたために、ハウルは戦争視察のために外出します。この点を解剖学者の養老孟司さんはこのようにコメントしています。ハウルは「外でなにをしているのかというと、戦争に参加しているらしいのだが、よくわからない」と[8]。ハウルは、サリマンから逃げ回る弱虫の魔法使いという設定です。しかし夜ごと危険を冒し負傷してまで戦場に飛んでゆくのは、ハウルの行動原理にブレが見受けられます。すなわち『ハウルの動く城』は、ダイアナさんの原作にはない「戦争」という要素を加えることで、物語に混乱をもたらしていることが想像さ

7　緒方貞子「いま、現実世界にも魔法が必要なのかもしれません。」（映画パンフレット『ハウルの動く城』東宝、2004年11月）。
8　養老孟司「ハウルってだれ？」（前掲映画パンフレット）。

れます。

　そもそも宮崎監督はなぜ『ハウルの動く城』に戦争という背景を加えたのでしょうか。改めて問うてみましょう。

　まず考えられることは、商業的な要請でしょう。テレビアニメの世界で顕著ですが、アニメーションでは「戦いもの」の人気が高いため、戦争（戦い）は、商業的な要請として導入された設定であるケースが多いです。テレビアニメで人気のロボットものアニメを作るケースを考えれば、戦闘という設定はほぼ必然的でしょう。『機動戦士ガンダム』（シリーズ1979年〜）の監督・富野由悠季さんは、男の子のエンターテイメントには戦闘シーンがあったほうがおもしろいこと、物語を展開するのに必要な「戦う理由」を設定する必要があったことを述べています[9]。しかし、『ハウルの動く城』については養老孟司さんが述べているように、夜ごとハウルが戦火の中へ飛び出す理由が判然としません。帽子屋のある町が爆撃を受けたとき、ハウルは戦う理由として、ソフィーという「ようやく守らなければならないものができた、君だ」と答えていますが、それまでは何のために戦っていたのでしょうか？　むしろ、この台詞が暴くのは、それまでハウルには戦う理由が見出せなかったこと、戦うための理由が事後的にみつかったという事態でしょう。もっといえばこのハウルの台詞は自らの戦いを正当化する理由を探していたことも露呈させています。

　ここでは、作品の想像力の根源として「監督」に着目する方法論が有効でしょう。「作家主義」「監督主義」と呼ばれるものです。補足すれば、この講でも〈翻案〉について考えていますが、ハッチオンのアダプテーションの方法論も、作家の想像力に着目します。

　9　富野由悠季『戦争と平和』（2002年、徳間書店）。

宮崎監督は戦前生まれ、そして、東京大空襲を経験している点が重要なのではないでしょうか。それが宮崎監督と、他の多くのアニメーション監督との違いとなっているのではないでしょうか。

宮崎監督と戦争の記憶──傷跡を読む

　鈴木敏夫プロデューサーは、他のアニメーション監督と宮崎監督の差異についてこう述べています。宮崎監督は戦前生まれだから、日本がアメリカと戦争して焼け野原から復興し、今にいたるまでを全部みている。それは映画を作る上ですごく大きい要素だ、と。

　宮崎監督は1941年生まれですが、アジア太平洋戦争について「苦く残った戦争の記憶」として、４歳のとき、焼夷弾が落下し火が街を包んでゆく中、逃げ回った記憶を語っています。トラックで逃げてゆくとき、幼子を抱いた母親から助けを求められたが、トラックには空き場所がなく２人を見捨てることになった、と[10]。宮崎監督の戦争経験の視点を加えると、『ハウルの動く城』という映画は、別の様相をみせ始めることになるでしょう。

　宮崎監督が演出した作品の中で、戦争についての言及があるものをみてみましょう。NHK初のアニメーション番組『未来少年コナン』(1978年)。原作は、アメリカのSF児童文学作家のアレグザンダー・ケイの『残された人びと』(1970年)。アニメーションは、核兵器を上回る超磁力兵器による戦争で、地殻変動に襲われた地球の20年後の世界を舞台にしています。同作の第１話では、科学文明の遺産インダストリアからきた兵士（モンスリー）が、銃を持つ自分たちを批判するコナンの祖父にこう言い放っています。

10　宮崎駿「苦く残った戦争の記憶」(『北海道新聞』2001年7月3日、夕刊)。

〈何を言うの。戦争を引き起こしたのは、あの時大人だったあんたたちじゃないの。私たちはまだ子供だったわ。子供が生き残るためにどんな苦しい思いをしたか。あんたにわかる？ 戦争を引き起こして野蛮人になりさがった無責任な大人のくせに。あんたに偉そうなことを言う資格はどこにもないわ。〉

戦争を起こした世代にぶつけた怒りですが、これは、原作にはない台詞ですので、宮崎監督による脚色だとわかります。1941年生まれの宮崎監督とこの兵士は、同じく子どもの頃に戦争を経験した世代であるため、兵士の言葉は興味深く響いてきます。

宮崎監督と戦争の観点について、大いに参考となるのは、『紅の豚』（1992年）でしょう。この映画のテーマは"非戦"でした。かつて空軍のエースだった主人公のポルコ・ロッソが、迫り来る新たな戦争を前に、再び「国家の英雄」になることを拒む話です。主人公は自分に魔法をかけて豚になります。ポルコは、飛行艇に乗って賞金稼ぎとなっており、戦争を揶揄します。とりわけ着目されるのは、『紅の豚』の設定が、戦争を作品舞台の背景としている点で『ハウルの動く城』と共有部分を持っていることでしょう。両者とも、街では、戦争に借り出されてゆく兵士が闊歩し、そのパレードを人々が歓呼します。その一方で、主人公のポルコもハウルも国家のために戦争に加担することから逃避しています。そして、最も興味深いことは、両映画とも、現実の戦争の影響で制作されている点でしょう。みなさんは、ご存知でしょうか。『紅の豚』は湾岸戦争、そして『ハウルの動く城』は——宮崎監督がアメリカでのインタビューで述べているように——イラク戦争の影響を受けています[11]。そし

---

11 「「前向きな悲観論者」の本音」（『NEWSWEEK』2005年6月29日）。

て、だからこそ、『紅の豚』のポルコが、「そういう事はもううんざりした。勝手にやってろ、おれはやらねぇ」として戦争を拒否する一方で、ハウルは「ようやく守らなければならないものができた、君だ」と、戦いに参加してゆく点は大きな違いとなっています。『ハウルの動く城』では、反戦から戦うことの正当化へと舵を切るのです。

＊

　主人公の行動の差は何に由来するのでしょうか。制作時に影響を受けたイラク戦争に注目してみましょう。

　イラク戦争が始まり、日本の文壇、論壇においては、日本における戦争の記憶についての議論が沸きました。9.11（アメリカ同時多発テロ事件）は、イスラム過激派のテロ組織であるアルカイダによって、ニューヨークの世界貿易センターのツインタワーなどが攻撃され大規模な災害となりました。

　テロを彷彿させるものとしてアメリカで語られたのは、パールハーバーと特攻でした。イラク占領の正当化についても、アメリカ側から、アメリカ軍による日本の占領が成功した事例が参照されました。すなわち、イラク戦争によって、図らずも日本のかつての戦争、敗戦の記憶が持ち出されたのです。そして映画『ハウルの動く城』には、まさにアジア太平洋戦争を彷彿とさせる場面がみえます。

　ソフィーが城に滞在した翌日、王から使いとして訪問者がやってきます。「国王陛下からの招請状です。いよいよ戦争ですぞ。魔法使いも占い師も魔女ですら、みな国家に協力せよとの思し召しです」（図11-4）。これは、国家総動員法を示唆しているのでしょう。戦時においてはすべての資源、国民の一人一人の生活のすべてが戦時体制として取り込まれてゆく様子が描かれています。ダイアナさんの原作ではハウルの天敵であった荒地の魔女は、映画『ハウルの

図11-4　戦争の招請状を持つ王の使い
国家総動員法を示唆している
© 2004 Studio Ghibli・NDDMT

図11-5　報道規制を敷く新聞を読むマルクル（右側）
© 2004 Studio Ghibli・NDDMT

動く城』では作品途中で弱体化したため、同作の真の敵は王室付き
の魔女サリマン＝戦争を執行する国家権力にすり替わっています。
　また、戦争の勝利を伝える新聞の報道をみて城の住民のマルクル
は「勝ったって書いてあるよ」といっています。マルクルの発言に
対し、荒地の魔女は「バカ者だけさ、信じるのは」と答えます（図
11-5）。この対話は、皇軍は勝利していると信じ込まされ、敗戦が
隠蔽されていたアジア太平洋戦争時の報道規制を彷彿とさせるで
しょう。「信じるのはバカ者」という荒れ地の魔女は、数百年も生

図11-6　ビラが撒かれる

きている設定です。荒地の魔女は、戦争を経験した者として語っているのでしょうか。また敵国からのビラが撒かれるシーンもみえます（図11-6）。ほかにも、帽子屋のある町から疎開しようと人々が荷車で引き上げるショットや、敵軍の空襲を受けたときの様子などは、町にいる市民の視点で空襲を描出しており、前述の、宮崎監督が焼夷弾の落下する中で逃げ回ったという発言と繋がってきます。

　空襲がやってきたとき、「一緒に逃げましょう。戦ってはだめ」というソフィーに対し、ハウルは参戦します。「ようやく守らなければならない者ができたんだ」と。　ハウルは少し前のシーンでは、ソフィーとともに、山間の花畑の上空を飛ぶ戦艦をみて「敵も味方もない」と戦争を批判する台詞を吐いていましたが、ここでは戦いに加わるのです。

　宮崎監督、高畑監督は、反戦を訴えるアニメーション監督として知られています。スタジオジブリの小冊子である『熱風』の2013年7月号は、憲法9条の改正をテーマに戦争反対を強く訴えています。反戦の姿勢を示してきた宮崎映画は、ここにきてなぜ戦いを正当化する台詞をハウルにさせたのでしょうか。評論家・切通理作は「ハウルは戦争を嫌っているから、戦災で犠牲になる民衆を救うために軍隊と戦っているのだろうか。しかし民衆を助けていることを示す場面はない。ハウルと同じ魔法使いですでに兵器化した者たちが仲

間に引き入れようと襲ってくるのに抗い、やむを得ず戦っているのだろうか。しかしそれにしてはハウルは自ら戦地に飛び込んでいるように見える。(中略)しかしそれでは、その戦いは「戦争」で戦うのとどう違うのかという疑問が残るので、イマイチすっきりしない」と発言しています[12]。

*

『ハウルの動く城』は、爆弾が自分たちの街に落下し、戦争を直接的に経験する主人公を描きました。ほかならぬ宮崎監督自身が、不条理ながらも戦地に駆り出されて亡くなった人々について語る遺族が身近にいた世代であることを熟考してみましょう。この要因こそが、緒方貞子さんのような「映画全体を見た限り、特に強い反戦的なメッセージは感じられ」ないという作品評を招来しているのではないでしょうか。

では、映画作品の"破綻"はどのように論じ、評価することができるでしょうか。"混乱"を被ったテクストに、現代に生きる人間の損傷を被った生のあり方の表現スタイルを見出すのは、モンタージュ論的手法を応用した哲学者のテオドール・アドルノです[13]。ここでは、避けることも退くことも出来ず錯綜した状況に必然的に置かれてしまった創作者のポジションが想起されます。映画『ハウルの動く城』は、宮崎監督の戦争の記憶が作品制作において作用した葛藤の痕跡である、と評価することができるのではないでしょうか。

さらに、別の側面から考察してみましょう。

映画の中で、ハウルは落ちてくる爆弾を抱きかかえています。たった1人で多勢の敵の中に飛び込んでゆく姿は、もはや無謀さば

---

12 切通理作「『ハウルの動く城』には性愛の戯れが隠れている」(『論座』2005年5月)。

13 テオドール・W・アドルノ『美の理論』(大久保健治訳、1985年(原著1970年)、河出書房新社)、中村三春『係争中の主体 漱石・太宰・賢治』(2006年、翰林書房)参照。

178

かりが目立ちます。ここには自ら死も辞さない覚悟がみえます。911のアメリカ同時多発テロ事件では、旅客機がワールドセンターやペンタゴン（アメリカ国防総省本庁舎）に突入したことが、特攻隊のようだと称されました。"親米"の国である日本では、アメリカはテロの犠牲者であり、アメリカの正義が正当であるというジョージ・ブッシュ大統領が掲げるセルフ・イメージが強くゆき渡っていました。

　映画研究者の塚田幸光さんはテロ直後に着手され、1年後に公開された反戦オムニバス映画『11'09"01／セプテンバー11』（2002年）を紹介しています[14]。その中でケン・ローチ監督による短編が、アメリカによるチリへのテロリズムに他ならない、と述べています。ローチ監督の短編は、（現在では既に再考されているように）敵と味方、正義と野蛮、善と悪の二元論は解体の契機をみせているのです。

　では、『ハウルの動く城』ではどうでしょうか。アメリカとアラブ／イスラムの対立軸を解体したときに『ハウルの動く城』でみえてくる点は、ハウルの無謀な行動が特攻隊＝テロリスト——イラク戦争時の文脈における「敵」「野蛮」「悪」と括られていた側のように立ち上がってくることではないでしょうか。宮崎監督が『ハウルの動く城』の絵コンテ執筆中のとき、アメリカはイラク空爆を行い、国内世論では賛否両論で大きく揺れる状況でした[15]。とすれば、『ハウルの動く城』は、その当時のアメリカのイメージに抗う側面もほのみえるのかもしれません。それが、宮崎監督の制作意図とは離れて、産み落としてしまった誤配のメッセージであったとしても。

14　塚田幸光「ハイブリッド・エスニシティ——エドワード・ズウィック『マーシャル・ロー』と文化翻訳の可能性」（塚田幸光編『映画とジェンダー／エスニシティ』2019年、ミネルヴァ書房）。

15　「スタジオジブリ物語　時代を反映した『ハウルの動く城』」『ジブリの教科書13　ハウルの動く城』（2016年、文藝春秋）。

『となりのトトロ』と結核、
ナショナル・トラストの系譜
──『風立ちぬ』『コクリコ坂から』

『となりのトトロ』の位置づけ
──〈失われた日本の農村〉というファンタジー

　本講では『となりのトトロ』（1988年）の話をしたいと思います。

　舞台は（公式発表では）1955〜57年、昭和30年代[1]の初頭の日本。母親の療養のために、父親とともに田舎に引っ越してきたサツキとメイの姉妹が、トトロという不思議な生き物と出会う話です。この講では、宮沢賢治との関連と、ナショナル・トラスト運動の2点を中心にしてお話ししたいと思います。

　まず映画の書誌的な情報を確認しましょう。この作品は、原作、監督は宮崎駿となっています。しかしながら、宮崎監督は、もともとは宮沢賢治の『どんぐりと山猫』が発想としてあったと述べています[2]。この点は後に詳述しましょう。『となりのトトロ』では、主題歌の「さんぽ」が有名です。受講している学生さんに尋ねると、幼稚園、保育園で歌ったという人が多いようです。『崖の上のポニョ』では、宗介の母親のリサが、「私は元気〜」と「さんぽ」の一節を歌っていますが、宗介が保育園児ということが踏まえられて

1　『となりのトトロ』で描かれた食卓や、家庭の事物は昭和30年代を遡り、昭和20年代の後半という意見もある（平松洋子「追憶のかなたで輝く味」『ジブリの教科書3　となりのトトロ』（2013年、文藝春秋）。
2　『となりのトトロ』劇場公開時の予告編。

図12-1　サツキでもメイでもな
い女の子
© 1988 Studio Ghibli

いるのかもしれません。参考までに「さんぽ」の作詞は、『ぐりと
ぐら』『いやいやえん』の作者で知られている児童文学作家の中川
李枝子さんの手によるものです。

　また主人公のサツキとメイは、ご存知のように「五月」を意味す
る名前（皐月、May）です。この名前は、当初は１人であった主人公
が２人のキャラクターに分化されたことを示しています。最初期の
ポスターには、１人の主人公であったころの、サツキでもメイでも
ない少女像が描かれています（図12-1）。姉のサツキには子どもの
中の大人びた部分、妹のメイには子どもっぽい部分が分化されて描
出されているのでしょう。サツキは、不在の母親の代わりに父親や
妹のお弁当づくりに励んでいます。しかし、入院中の母親のお見舞
いに訪れたときの場面では、母親に甘えたいというサツキの真意が
垣間みえます。母親がサツキの髪の毛をブラシで梳かそうとしたと
き、メイが割り込みます。そのとき、サツキがメイに「順番」とい
い聞かせるのは、母親との時間を奪われたくないサツキの気持ちが
描かれていると思われます。

図12-2　スタジオジブリの商標としてのトトロ
（スタジオジブリ HP より　https://ghibli.jp）

　さて、『となりのトトロ』は、宮崎監督の作品史においてどのような位置づけであったのでしょうか。

　前作は『天空の城ラピュタ』。『となりのトトロ』では、「冒険活劇」から転じて日本の農村を舞台としたファンタジーに取り組んだということになるでしょう。『となりのトトロ』はアニメーション映画として次の2点が注意されます。1つは、これまでは、西洋を舞台としたものや、西洋を中心とした無国籍アニメーション——世界名作劇場（カルピスこども名作劇場）の『アルプスの少女ハイジ』『赤毛のアン』など——が主流でしたが、『となりのトトロ』は日本を舞台にしたこと。もう1つは、映画で描かれた日本の1950年代から60年代の農村風景は、既に失われている場所として "ファンタジー" を意味したこと。そして、後者については、後に大きな運動と繋がる誘因となりました。

　映画『となりのトトロ』は、トトロが1990年代以降のスタジオジブリの商標（図12-2）となっていること、メイの歩く姿がジブリ映画の冒頭で登場することから、スタジオジブリとしても代表作の扱いであることは間違いないでしょう。しかしながら、この映画は、

公開当時において興行成績は振いませんでした。他方、アメリカの
映画評論家のロジャー・イーバートは同作を高く評価しています。
次の文章は、彼が記した記事の一節です。

"My Neighbor Totoro" has become one of the most
beloved of all family films without ever having been much
promoted or advertised.
(『となりのトトロ』は、これまで宣伝も広告もあまり行われてこなかったにも
かかわらず、すべての家族向け映画の中で最も愛されている作品の１つになり
ました。)

　このイーバートの文言は、北米版『となりのトトロ』の DVD の
帯に記されました。つまり「宣伝文句」となったのです。

『どんぐりと山猫』からの〈翻案〉

　前述したように宮崎監督は、『となりのトトロ』のもともとの発
想が宮沢賢治の『どんぐりと山猫』だったと述べています。『どん
ぐりと山猫』は、主人公の少年・かねた一郎のもとに、山猫からど
んぐり裁判への招待状が届き、一郎が山の中へ出かけてゆく話です。
宮崎監督は「『どんぐりと山猫』を本で読んだとき、山猫のイメー
ジが挿絵にあるようなものではなく、身の丈がずっと大きい存在を
想像したと述べています[3]。しかし、『となりのトトロ』には、山
猫は登場しません。代わりに登場したのは、トトロと猫バスです。
宮崎監督は、トトロの原型は山猫と発言していますが[4]、なるほど、

3　前掲『出発点』。
4　宮崎駿「トトロと『どんぐりと山猫』」(『小説 TRIPPER』1996年夏季号)。

トトロの髭は猫のそれのようです。しかし、映像をみる限り、トトロのみならず猫バスも『どんぐりと山猫』から〈翻案〉されたものとみることができそうです。

『どんぐりと山猫』では、山猫から招待状を貰ったとき、一郎が次のように考えています。

　　ね床にもぐってからも、山猫のにゃあとした顔や、そのめんどうだという裁判のけしきなどを考えて、おそくまでねむりませんでした。

　また、山の中で一郎は、最初に山猫の馬車別当に出会い、そののちに、山猫に出会います。

　　そのとき、風がどうと吹いてきて、草はいちめん波だち、別当は、急にていねいなおじぎをしました。

　　一郎はおかしいとおもって、ふりかえって見ますと、そこに山猫が、黄いろな陣羽織のようなものを着て、緑いろの眼をまん円にして立っていました。やっぱり山猫の耳は、立って尖っているなと、一郎がおもいましたら、山ねこはぴょこっとおじぎをしました。一郎もていねいに挨拶しました。

　また、どんぐり裁判を終えたあと、一郎は家まで馬車で送ってもらうのですが、馬車は、次のように描かれています。

　ひゅう、ぱちっ。
　馬車は草地をはなれました。

図12-3 「にゃあ」という顔の猫バス
© 1988 Studio Ghibli

図12-4 尖っている耳を映し出す
サツキがバスの中にいるとき、猫バスの耳が動く様子が描かれている
© 1988 Studio Ghibli

　風が「どう」と吹いたり、別当が率いるとすぐに馬車が草原を離れる様子は、『となりのトトロ』で風の中を疾走する猫バスに表現されているようです。また「にゃあ」という顔（図12-3）や尖っている耳についても猫バスに表れています。耳については、画面の中でその存在を主張するかのように、動いていることに興味がわきます（図12-4）。

　参考までに、中川李枝子さんが詩を担当する絵本の『となりのトトロ』では、次のように山猫バスと記されています。

山猫バス

図12-5　猫バスと『ダンボ』の一場面
© 1988 Studio Ghibli

図12-6　バスの停留所でとぼけた顔で横に立つトトロ
© 1988 Studio Ghibli

　まっくらやみを　つきぬけて
　山猫バスの　おとおりだ[5]

　さらに付け加えれば、猫バスが電線の上を走る様子には、宮沢賢
治の童話よりも、ディズニーの『ダンボ』（1941年）へのオマージュ
がみえるしょう（図12-5）。一方、トトロも「にゃあ」という顔を
していますし、ふと気がつくと山猫が一郎のそばで立っているとい
うのは、サツキがバス停で父親を待っているといつの間にかトトロ
が横に立っている——そのとぼけた雰囲気として醸し出されている

5　詩／中川李枝子、絵／宮崎駿『となりのトトロ』（1988年、徳間書店）。

図12-7　引っ越した家で光るどんぐりを手にするサツキ
© 1988 Studio Ghibli

ようです（図12-6）。また宮崎監督は宮沢賢治の描く山猫からは、むしろ身の丈が大きい山猫を想像したというのですが、それもトトロの造型に活かされていると思われます。

　では、童話のタイトルである「どんぐり」はどのように『となりのトトロ』に活かされているのでしょうか。

　『どんぐりと山猫』では、どんぐり裁判のほか、童話の末尾でどんぐりが登場しています。一郎への土産としてです。

　「それでは、（引用者注：葉書の）文句はいままでのとおりにしましょう。そこで今日のお礼ですが、あなたは黄金のどんぐり一升と、塩鮭のあたまと、どっちをおすきですか。」

　「黄金のどんぐりがすきです。」

　山猫は、鮭の頭でなくて、まあよかったというように、口早に馬車別当に云いました。

　「どんぐりを一升早くもってこい。一升にたりなかったら、めっきのどんぐりもまぜてこい。はやく。」

　一方、『となりのトトロ』でも、どんぐりが重要なギミック（小道

図12-8 階段からドングリが落ちてくる場面（絵コンテ）
（『スタジオジブリ絵コンテ全集3 となりのトトロ』2001年、徳間書店）© 二馬力

図12-9 メイはバケツの穴からドングリを発見し、小さなトトロと出会う
© 1988 Studio Ghibli

具、装置）として登場していることに気づかされます。サツキとメイが引っ越してきたとき、2人が部屋の中でみつけるのは「黄金」に光るどんぐりでした（図12-7）。また、2人が2階へ向かうとき、階段の上からもどんぐりが落ちてきます（図12-8）。とりわけ、メイがトトロと出会うシーンは重要でしょう。庭で1人遊びに興じているとき、メイがバケツの穴を通してみつけるのはどんぐりで、それは『ヘンゼルとグレーテル』の小石やパン屑のようにどこかへ辿り着くための目印のように機能しています。メイはどんぐりを拾ってゆくとトトロに出会うのです（図12-9）。とりわけ、トトロが眠っているクスノキの穴の入口には「黄金」に光るどんぐりが描出されています。宮崎監督による絵コンテにも「ピッカピッカのドングリ

図12-10　メイがトトロが眠っているクスノキの根にドングリをみつける
（絵コンテ）「ピッカピッカのドングリ　キラリと光る。」と記されている
（前掲『スタジオジブリ絵コンテ全集3　となりのトトロ』）© 二馬力

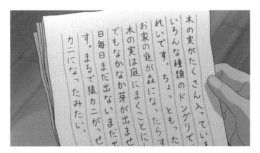

図12-11　サツキから母親への手紙
トトロからのお土産が「いろいろな種類のどんぐり」であったことが記されている
© 1988 Studio Ghibli

キラリと光る」という書き込みが確認されます（図12-10）。また、バス停で会ったトトロから土産として受け取るのも「いろいろな種類のどんぐり」（図12-11）です。そのどんぐりを庭で蒔くと発芽します（幻想／夢の中では、それは大樹となっています）。

　ところで『どんぐりと山猫』では、山猫が一郎に土産として手渡す「黄金のどんぐり」には「めっきのどんぐり」も混ぜてあるようです。これは「黄金のどんぐり」がファンタジーであることの先触

れとなっているようです。なぜなら、そのどんぐりの色は色褪せてしまうからです。

> 馬車が進むにしたがって、どんぐりはだんだん光がうすくなって、まもなく馬車がとまったときは、あたりまえの茶いろのどんぐりに変っていました。そして、山ねこの黄いろな陣羽織も、別当も、きのこの馬車も、一度に見えなくなって、一郎はじぶんのうちの前に、どんぐりを入れたますを持って立っていました。
> 　それからあと、山ねこ拝というはがきは、もうきませんでした。やっぱり、出頭すべしと書いてもいいと言えばよかったと、一郎はときどき思うのです。

　どんぐり裁判を終え戻ってきた一郎のもとには、再び山猫からの招待状が届くことはありませんでした。『どんぐりと山猫』はこのようにエンディングを迎えているのです。

　黄金のどんぐりが「あたりまえの茶色のどんぐり」に変化すること。これは、ファンタジーの空間から一郎が戻ってきたことを示しています。同時に、どんぐり裁判への招待は子どもだけに許された領域であることを意味しています。なぜなら、宮沢賢治は『雪渡り』（1921〜1922年）という童話の中で、12歳以上の子どもは狐が開催する幻燈会に招待されないと記しているからです。『どんぐりと山猫』の一郎は、「５年生」を物差しにして馬車別当の書いたはがきの文章をジャッジしているため、小学高学年と推測されます[6]。一方『となりのトトロ』のサツキは12歳の設定です。宮沢賢治の童話を参照する限り、サツキはトトロと出会うことが許される最終ラ

6　米村みゆき『宮澤賢治を創った男たち』（2003年、青弓社）参照。

図12-12　宮沢賢治が農村活動をした羅須地人協会の建物

（花巻観光協会公式サイト　https://www.kanko-hanamaki.ne.jp/spot/article.
php?p=134）

インの年齢なのでしょう。一郎と同じくサツキはその後、トトロや
猫バスに会うことはないのかもしれません。

「結核」の諸相──「宮沢賢治」からの〈翻案〉と『風立ちぬ』

　サツキとメイが引っ越した家もまた宮沢賢治からの〈翻案〉と
なっています。この点については、宮崎監督がインタビューで「裏
設定」と発言しています[7]。宮沢賢治が晩年に農村活動の拠点とし
た羅須地人協会の建物がそれにあたります（図12-12）。もともとは
宮沢賢治の祖父の別荘でした。そして、多くの国語教科書に掲載さ
れた宮沢賢治の詩『永訣の朝』──「あめゆじゅ とてちて けん
じゃ」（雨雪を取ってきてください）と口にした妹の宮沢トシが、肺結核
の療養の末、亡くなった場所でもありました。もちろん、サツキと
メイの家は、羅須地人協会のみならず、ほかの様々な建物もモデル
となっています。

　羅須地人協会の建物の話に戻りましょう。宮沢トシがここで療養
したのは、結核の感染リスクを避けるために、家族の住居から隔離
されたためでした。『となりのトトロ』のノベライズ版『小説　と

7　前掲『出発点』。

なりのトトロ』（1988年）では、サツキとメイが引っ越しした家は、結核療養患者の別荘という設定が明確に記されています。メイの世話をするカンタの祖母（大垣のおばあちゃん）は、かつてその別荘で奉公をしていました。したがって、小説版の『となりのトトロ』ではサツキとメイが引っ越してきたとき、カンタの祖母は「また肺病か」と発言しています。サツキとメイの母親が入院する病院も結核療養所の女子寮です。結核というテーマは、宮崎監督は『風立ちぬ』（2013年）でもヒロイン菜穂子の病気として大きく取り上げています。『風立ちぬ』の主人公は零戦の設計者・堀越二郎のほかに、サナトリウム文学で知られる小説『風立ちぬ』の作者・堀辰雄もモデルとなっています。堀辰雄や堀の婚約者が結核に罹患していたため、結核がテーマになることは妥当なのですが、宮崎監督にとっても結核という病気は、監督の父親や、父親の最初の妻が罹患した病気でした。

　結核の観点から『となりのトトロ』を捉えるとき、『風立ちぬ』と同様、感染の要因について１つの視点がみえます。

　結核の感染には、環境要因説と体質遺伝説の２つの大きな要因があると考えられていました[8]。『風立ちぬ』では、ヒロインの菜穂子と二郎は頻繁にキスをしています。このキスは菜穂子の結核が「うつらない人」として二郎を表現するためだったのでしょう。菜穂子の父親も同様に「うつらない人」のようです。したがって、映画の表層では、結核の感染は体質遺伝説（結核に感染しやすい体質があるという説）が要因として捉えられているように思われます[9]。『とな

8　北川扶生子『結核がつくる物語』（2021年、岩波書店）参照。
9　友田義行は『風立ちぬ』は深層のレベルで堀越二郎は「火」の象徴で、そのために感染しないという解釈をしている（前掲『ジブリアニメーションの文化学　高畑勲・宮崎駿の表現を探る』参照。

りのトトロ』では、カンタの祖母を通して、結核患者への差別意識が表されています。カンタの祖母は、結核患者の子どもであるサツキは、貧弱な体質に違いないと思い込んでいました。ここでも体質遺伝説が大きく働いていることがわかります。そのために、結核患者と血のつながりがあるサツキに向けての差別となって現れているのでしょう。

〈ナショナル・トラスト〉の継承
──『となりのトトロ』から『コクリコ坂から』まで

　宮崎監督が宮沢賢治から発想を得た「どんぐり」を用いて『となりのトトロ』を制作している点に関して、興味深いアニメーション映画があります。カナダのアニメーション作家・フレデリック・バックによる『木を植えた男』（1987年）です。アカデミー短編賞を受賞しました。原作はジャン・ジオノの小説。フランスのプロヴァンス地方の荒れ果てた高地を舞台に、ドングリを植え続けた男によって森が再生するという話です。『となりのトトロ』にも、どんぐりを蒔いて樹木が成長する幻想／夢のシーンがあるのは、バックと宮崎監督という２人の芸術家における想像力の共有なのでしょうか。宮崎監督はもちろん、高畑監督も『木を植えた男』に深い感銘を受けたことを語っています（図12-13）[10]。スタジオジブリからは、バックの作品集も販売されています。

　『木を植えた男』は土地と樹木について提言している作品ですが、『となりのトトロ』も環境問題と深く関わっています。〈ナショナル・トラスト〉の論点です。ナショナル・トラストは歴史的建築物の保護を目的に英国で設立されたボランティア団体、運動で、日本

10　図録『フレデリック・バック展』（2011年）。

図12-13　フレデリック・バック
『木を植えた男』（1987年）

では1964年に神奈川県で鎌倉風到保存会が住宅建設予定地の一部を市民からの寄付で買い取ったのが始まりとされています[11]。その後も日本では、文化遺産や自然環境の保護を目的にした活動を行ってきました。「1人の1万ポンドよりも1万人からの1ポンド」という言葉に表されているように、多くの人たちが少しずつ寄付を出し合って自然や文化財を守ることに意味があります。『となりのトトロ』の舞台は、東京都と埼玉県にまたがる狭山丘陵です。もともと自然の宝庫であった土地であり、里山の景観も維持されてきましたが、レジャー開発、大規模住宅団地の造成などのための森林伐採、ゴミの不法投棄などによって荒廃してゆきました。『となりのトトロ』の公開ののち、週刊誌などでも狭山丘陵での「ゴミの山」の様子が報道されました。

　みなさんは里山を守ろう、という呼びかけを目にしたことがある

11　「トトロの森と狭山丘陵の保全」『人と国土21』（2004年7月）。

図12-14　トトロの森
（トトロのふるさと基金公式サイトより　https://www.totoro.or.jp/intro/）

でしょうか。「里山」は人の手を借りた生態系を表現します。雑木林や田んぼの畔道などがその代表例です。誰も足を踏み入れない野生林ではなく、人工的に造成したゴルフ場のような自然でもなく、人間と自然がお互いにバランスを取りつつ生態系が保たれている場所です。その一方で、日本の里山は私有地——個人による所有地が多くを占めています。したがって、持ち主次第で里山は失われることになります。

　1990年、荒れ果てた狭山丘陵を守ろうと「トトロのふるさと基金」が発足しました。市民の手で雑木林を購入し保全を図っていこうとする運動であり、ナショナル・トラストの手法を取り入れた取り組みでした。宮崎監督は設立に携わった5名のうちの1人となりました。映画『となりのトトロ』の制作ののち、アニメーションの舞台で自らが描いた土地を守ろうとしたのです。「トトロの森」（図12-14）と名付けられた土地を守るために、人々は寄付（基金）をしました。トトロの森は2020年までに55号地に及び、総計で9億円以上の寄付が集まっています。

　以上のような映画公開後の経緯を踏まえつつ、『となりのトトロ』の制作について振り返ってみましょう。宮崎監督は制作時、宮

沢賢治による『どんぐりと山猫』がもともとの発想であったことのほか、次のように述べています。

日本のこれからの環境問題とか自然の問題とか子どもたちを取り巻いているいろんな社会的な、いろんな事物の状態とか、そういうことを考えるきっかけになるような作品になればいいな、とは思っている。[12]

『となりのトトロ』という映画は、宮崎監督自身が子どもだった頃の日本を舞台にしたといわれています。そして、子どもだけではなく、大人が一緒にみて「自分たちが住んでいる日本」という場所について親子で会話ができるような映画を望んでいたのです。

また、背景美術を担当した男鹿和雄さんも「こんなところに暮らしてみたい」という背景を描いたのだと述べています。

『となりのトトロ』のキャッチコピーは、2本立て同時上映であった『火垂るの墓』と共通するものとして「忘れ物を届けにきました」となりました。しかし、他にも次のようなものがあります。

団塊の世代の親父たちよ。自然は忘れない、昔自分が少年だった頃を。[13]

宮崎監督が制作時から環境問題を意識して昭和30年代初頭の農村を舞台にしたと述べていることには、意味があるのでしょう。それが「失われた風景」であり、大人たちに昔日の風景を喚起させる——失われたものを再認識させるものであったとすれば、『となりのトトロ』の制作意図は、結果的にナショナル・トラストと密に関

12　前掲『となりのトトロ』劇場公開時の予告編。
13　図録『鈴木敏夫とジブリ展』（2019年）。

図12-15　引っ越しの荷物のなかのラジオ

© 1988 Studio Ghibli

連していたこととなるのではないでしょうか？　実際、小説『バッテリー』で知られる作家・あさのあつこさんは「昭和30年代を生きた者にとって懐かしい作品だ」と述べ、当時は当たり前にあったものが現在は跡形もない諸々をみせてくれると述べています[14]。重要なことは、半藤一利さんが指摘しているように、宮崎監督が、昭和30年代初頭に舞台の照準をあわせたことは、日本人の生活が大きく転換するときを描いた、ということではないでしょうか[15]。

　こちらの図（図12-15）をみてください。みなさんは、画面の左下にある大きな箱型のものは、何だかわかりますか？　これは『となりのトトロ』の冒頭場面で、草壁一家の引っ越しの荷物の1つです。これは現在と形状も大きさも異なりますが、ラジオです。引っ越し中の3輪トラックの荷物、サツキとメイが引っ越してきたとき、カンタの祖母がやってきたときなど、さりげなく幾度か画面に映し出されます。なぜでしょうか？

　『となりのトトロ』では、引っ越しの荷物にラジオが含まれてい

14　あさのあつこ「トトロのとなりで」（前掲『ジブリの教科書3　となりのトトロ』）。
15　半藤一利「大きな忘れ物」（前掲『ジブリの教科書3　となりのトトロ』）。

図12-16　洗濯する風景（『となりのトトロ』）
洗濯板と洗濯桶がある
© 1988 Studio Ghibli

図12-17　冷やした野菜のクロースアップ（『となりのトトロ』）
© 1988 Studio Ghibli

ますが、テレビはないことを示しているのではないでしょうか。洗濯桶と洗濯板で洗濯する風景もみてみましょう（図12-16）。そして、冷蔵庫の代わりに、野菜を川で冷やした場面も出てきます（図12-17）。ここで描かれているのが、いわゆる三種の神器といわれる家電——テレビ、洗濯機、冷蔵庫の不在であることは、偶然ではないでしょう。三種の神器という言葉は1950年に流行し、この3つの家電はあらゆる家庭での必需品となります。

　そして、三種の神器の登場の代わりに、私たちの生活の中で何が

図12-18 『崖の上のポニョ』で描かれた海の中のゴミ
© 2008 Studio Ghibli・NDHDMT

失われていったのか——『となりのトトロ』という映画は、このような問いを発しているのです。失われた「自然」の風景だけを問題にした映画ではないのです。

2001年米国アカデミー賞短編アニメーション賞を受賞した『岸辺の二人』の監督マイケル・デュドク・ドゥ・ヴィット（1953年〜）も、やはり失われた風景を描いています。『岸辺の二人』は、幼い頃に別れた父親を想い続ける娘の姿を描いた8分間の短編アニメーションですが、その舞台は、過去には存在していた何キロも続いた牧草地。現在はアスファルトの通勤路になっているとマイケル監督は述べています。インタビューでは、現在ではみることのできない服装や自転車のデザインを調べる必要があったことも発言しています。参考までに、マイケル監督は、観ておくべきアニメーション映画の監督として高畑勲、宮崎駿の両監督の名をあげています[16]。

失われたものを守ろうとするモチーフは、のちの宮崎監督の映画製作において、確固たるものとしてみることができます。『崖の上のポニョ』においては作品舞台を守るための「鞆・基金」となって

---

16 「監督インタビュー」2010年11月アムステルダムにて収録。

ゆきました。このような視点でみるとき、『崖の上のポニョ』の冒頭で、海の中に大量のゴミが描出されていることにも1つの意図をみることができるのではないでしょうか（図12-18）。そしてそれは、次作となる『コクリコ坂から』(2011年)におけるカルチェラタン（建物保存）の設定にも見出すことができます。

　ナショナル・トラストという主題は、『となりのトトロ』から『コクリコ坂から』まで宮崎監督のアニメーション史において1つの系譜として継承されていることがみえてくるのです。今後の課題として深めたいテーマです。

『千と千尋の神隠し』
──柏葉幸子『霧のむこうのふしぎな町』を参照して

『霧のむこうのふしぎな町』から『千と千尋の神隠し』へ

　本講では『千と千尋の神隠し』(2001年) を取り上げたいと思います。宮崎監督の前作は『もののけ姫』(1997年) でしたので、同作は室町時代の日本から、現代の日本社会へと舞台を移したことになります。主人公は、10歳の少女・千尋。両親と共に引越し先の新しい家へ向かう途中で、霊々が休息する世界へ迷い込んでしまいます。豚に変えられてしまった両親を助けるために、千尋は湯屋／油屋で働くという話です。主人公は美少女ではなく「普通の女の子」であったことや、映画の冒頭で千尋が仏頂面でスクリーンに登場することが話題となりました。

　この作品は、第52回ベルリン国際映画祭で金熊賞を受賞、第75回米国アカデミー賞長編アニメーション映画賞を受賞しました。原作・脚本・監督ともに宮崎駿。しかし、あまり話題になることはないのですが、宮崎監督は当初、児童文学者の柏葉幸子さんの童話『霧のむこうのふしぎな町』の映画化に取り組んでいました。実際、同作を『ゴチャガチャ通りのリナ』というタイトルにして、イメージボードも描いたといいます。

　『霧のむこうのふしぎな町』の主人公は小学6年生の上杉リナ。夏休みに父の勧めで東北にある「霧の谷」への旅に1人で出かけ、ふしぎな町で過ごすという話です。企画は断念されたものの『霧の

むこうのふしぎな町』を参照すると、『千と千尋の神隠し』という映画は、『霧のむこうのふしぎな町』の作品世界を継承しつつ、制作されていることがわかります。そのほか国外の児童文学の影響も見受けられるのですが、ここでは『霧の向こうのふしぎな町』と『千と千尋の神隠し』を比較検討しながら、宮崎監督のオリジナリティを探ってゆきたいと思います。

まずは、両作品の共通部分に目をとめてみましょう。以下適時、それぞれの作品を『霧』（『霧のむこうのふしぎな町』）、『千』（『千と千尋の神隠し』）と記します。

2作品の共通部分としては次の5点があげられるでしょう。

1つめは、絶対的権力者としての高齢女性が登場することです。『霧』ではピピティ・ピコット、『千』では湯婆婆です。

2つめは、労働というテーマです。両作品とも通底するのは「働かざる者、食うべからず」です。『霧』では、リナは下宿屋に滞在するのですが、その条件は「めちゃくちゃ通り」の店で働くことです。リナは様々な業種の店に働きに出ています。『千』では千尋は油屋で働くことで滞在することができます。

3つめは、少女に対する躾が描かれている点です。『霧』のピコットも『千』の湯婆婆もリナ／千尋に「ぐずは嫌いだよ」といい、リナ／千尋は「自分が何もできない」ことに気づきます。

4つめは、両者とも主人公が迷い込む世界は、魔法が跋扈する異世界となっている点です。『霧』では魔法使いの子孫が「めちゃくちゃ通り」に住んでいます。『千』では湯婆婆や銭婆が魔女となっています。

5つめは、食への執着（の有無）や食欲コントロールの問題がみえることです。『霧』では、ナータの店では食べ物に無頓着なナータの食べ合わせが描かれ、『千』では千尋の両親やカオナシの過剰

図補 - 1　大きな養豚場

© 2001 Studio Ghibli・NDDTM

な食欲や嘔吐の場面が描かれています。

　次に、両作品の差異に目を向けてゆきましょう。ここでは、宮崎
監督がどのように変更したのか、という点に目を向けて4点あげて
みたいと思います。

　1つめは、食材の変化です。『霧』では「いろんな野菜が、一区
画ずつできていた。畑の右側には、小さな牧場と、果樹園もあっ
た」と描かれる一方、『千』では、大きな養豚場が映し出されてい
ます（図補-1）。千尋の両親もこの養豚場で飼われ、食材にされる
設定になっています。

　2つめは働く場所です。『霧』のリナは下宿屋や店で働きますが、
『千』の千尋は油屋（湯屋）で働きます。『千と千尋の神隠し』の世
界は、身を浄める場所となっているため、不浄、腐敗、汚染、排泄
のレトリックで覆われた登場人物が現れます。

　3つめは、リナは団地住まいの子どもですが、千尋は、中流以上
の階層の子どもと設定されています。千尋の父親はドイツの高級車
メーカーであるアウディの自動車を運転し、引っ越しの荷物には紀
ノ国屋のスーパーの紙袋が見受けられます。

　4つめは、『霧』のリナは太りすぎで体形を気にしていますが、
『千』の千尋は「ひょろひょろの手足」を持ち、剛健さがまったく

図補 - 2　痩せ気味の千尋がおにぎりを食べる
© 2001 Studio Ghibli・NDDTM

みられない点です。千尋の痩せた体型は、千尋が体力を持っていない記号となっているのでしょう。しかし、最も大きな理由は、両親やカオナシの「過剰な食欲」と対照的に表現されているためだと思われます。ハクは千尋を励ますためにまじないをかけたおにぎりを千尋に差し出します。千尋がそのおにぎりを涙をこぼしながらほおばるシーンは、食欲のない千尋が、豪華さとは別基準のシンプルな食事によって満たされている状況を効果的に描き出すことに成功しているようです（図補 - 2）。

　以上、『霧のむこうのふしぎな町』と『千と千尋の神隠し』の共通部分と差異について確認してきましたが、さらに 1 点補足したいと思います。なぜなら宮崎監督が『霧のむこうのふしぎな町』から着想を得て『千と千尋の神隠し』に活かしたと思われる場面があるからです。『千と千尋の神隠し』の授業をしていると、学生さんから映画のエンディングでなぜ、千尋は湯婆婆から課せられた問いに答えることができたのかと問われることがあります。湯婆婆は、千尋に両親の豚を言い当てるようにいい、千尋はその豚の中に両親はいない、と言い当てました。実は『霧のむこうのふしぎな町』でも、リナがもともとは人間であった壺を言い当てています。言い当てた

204

理由は特段記されていません。もちろん、リナは人間ですので、魔法を使ったわけでもありません。千尋も同じでしょう。リナも千尋も魔法ではなく、人間の子どもに備わった力が描かれているのだと解釈できます。なぜなら、宮崎監督は『千と千尋の神隠し』は、千尋の成長譚ではなく、千尋を通して、子どもに本来備わっている力を表現したと述べているからです。

宮沢賢治の世界から

『千と千尋の神隠し』においても宮沢賢治の童話からの影響をみることができます。映画の後半では、千尋はかま爺から受け取った切符で海上を走る列車に乗り、銭婆のところへ行きます。これは宮崎監督自身が、宮沢賢治の『銀河鉄道の夜』の影響であると発言しています。海上だけでなく夜空も走らせたい希望があったそうですが、尺の都合上、取りやめたそうです。改めて同作における該当場面を観ると、列車が目的地に到着する頃には日が暮れて夜になっているため、銀河を走らせる可能性があったことが窺えます。

付言すれば、この後の場面、列車が到着したあとに千尋たちを銭婆の住まいへ誘うカンテラ（ランプ）に気づいた人はいるでしょうか。人のようにおじぎをするこのキャラクターは有名なアニメーション作品を喚起させています。ジョン・ラセター監督の『ルクソーJr.』（1986年）です（図補‑3）。小さな電気スタンドがキャラクターとなって、子どものように跳ねたりボールで遊びます。『ルクソーJr.』はラセター監督がピクサー・アニメーション・スタジオで初めて監督したCGアニメーションであり、ピクサー映画のロゴとしても使われていますので観たことのある人も多いでしょう。宮崎監督は、このカンテラについて絵コンテで「脚のついたカンテラがはねるように走って来てとまり」「ペコッとおじぎする」と記してい

図補 - 3　ジョン・ラセター『ルクソー Jr.』（1986年）
電気スタンドが子供のように跳ねたりボールで遊ぶ
https://www.pixar.com/luxo-jr

図補 - 4　跳ねたりおじぎするカンテラ
（『スタジオジブリ絵コンテ全集13　千と千尋の神隠し』（2001年、徳間書店）

ます（図補 - 4）。宮崎監督によるラセター監督へのオマージュとなっ
ているようです。

　一方で、千尋の両親が食事する場面については、宮崎監督は言及
していないものの、『注文の多い料理店』を喚起させています。『注
文の多い料理店』は、都会から山奥に狩猟にきた「放恣な階級」の
２人の男性が、西洋料理のレストランをみつけ、料理を食べようと
する話です。いくつもの扉に書かれた注意書きを都合よく解釈して
ゆくも、自分たちは食べる側ではなく食べられる側であったことに
気づく話です。千尋の両親もまた、千尋によるけん制を封じ込めて、

店の食べ物を食べても大丈夫だと、自らに都合の良い解釈で貪欲に料理を食べてゆきます。その結果、両親は豚の姿に変えられてしまいます。油屋の近くに大きな養豚場があることからも明白ですが、食べる側だと考えていたところ、食べられる側だったことになります。しかしながら、食べられる動物とするなら、牛や鶏でも可能だったはずでしょう。なぜ豚に変えられたのでしょうか。

宮沢賢治の童話には、食肉にされてしまう豚の視点から語られた『フランドン農学校の豚』(推定1923年頃)という童話があることも豚が選ばれた一因であるのかもしれません。農学校で飼育されている豚が、無理やり「死亡承諾書」に調印させられ、肥畜器で肥らされたのちに殺される話です。また、『千と千尋の神隠し』で注意したいのは、両親が変化した豚が、『紅の豚』の主人公のポルコ・ロッソや『風立ちぬ』の原作漫画[1]の主人公のような擬人化された動物ではなく(図補-5)、生態系に近い豚の像であることです(図補-6)。食肉用の豚として両親(の豚)が、描き分けられていることも注目したい点でしょう。なぜでしょうか?　宮崎監督は、食肉になる豚には人間のような人格を付与することを避けていると考えられるからです。千尋の両親を生態系の豚に近づけることで、食肉としての可能性を示唆する表現となっています。擬人化された豚が描かれていたとすれば、当然ながらそれは1つのタブー──カニバリズム(人を食べる)を呼び起こしてしまうため、区別したことがわかります。

付言すれば、両親が豚へと変化する場面は、アニメーションという媒体が得意とする表現です。ロシアの映画監督セルゲイ・エイゼンシュテイン(1898〜1948)は、ディズニーアニメーション『人魚の踊り』(1938年)を観て激賞し、アニメーションの特質の1つを原形

1　『モデルグラフィックス』2009年4月〜2010年1月に連載。

図補 – 5 『紅の豚』のポルコ・ロッソ（右）
© 1992 Studio Ghibli・NN

図補 – 6 『千と千尋の神隠し』で豚になった父親
© 2001 Studio Ghibli・NDDTM

質性——ゾウであるのかタコであるのか確定できず、どちらにもなるという線の不確定さであることを指摘しました[2]。

さらに、画面の中に「動物」と人間が同居しても違和感がないことは、寓話化された動物の描写を特意とする「動物アニメーション」（の歴史）がみえてきます[3]。この点は、舞台化された『千と千尋の神隠し』においてその差が顕在化されていました。舞台では、

2　セルゲイ・エイゼンシュテイン「ディズニー（抄訳）」今井隆介訳、『表象』7号、2013年。
3　前掲「動物／人間の境界線の撹乱——高畑勲のアニメーション映画」参照。

豚になった千尋の両親は、頭部だけ豚の「かぶりもの」を着用することでその変化が表現されていたからです。

　しかしながら、なぜ「食べる」という場面が登場しているのでしょうか。

労働というテーマ──なぜ食べることが描かれるのか

　『千と千尋の神隠し』の先行研究では、油屋で消費の限りを尽くそうとするカオナシを通して物質的消費への批判を読み取ったり、湯婆婆の息子・坊を通して、社会的病理（アダルトチルドレン）の問題が論じられました。しかし、ここでは『霧のむこうのふしぎな町』から継承されているテーマとして「労働」に着目したいと思います。そもそも宮崎映画においては、主人公たちがなんらかのかたちで「労働」と関わっている点は重要でしょう。『となりのトトロ』のサツキや『コクリコ坂から』の海は食事の準備をしていますし、『ハウルの動く城』のソフィーは家政婦として働いています。『魔女の宅急便』のキキは宅急便の仕事をしています。では、千尋はどのような仕事をしているのでしょうか。

　英文学者の河野真太郎さんは、油屋での労働がケア労働、依存労働、愛情労働であることを指摘しています。マリアローザ・ダラ・コスタによれば、愛情労働とは、婚姻、家庭内での性的職務を含む不払いの家事労働になります。一方、油屋には風俗業に携わる女性もみえ、河野さんは、（賃労働化された）愛情労働が垣間みえると述べています[4]。

　ここで先述の、なぜこの映画では「食べる」場面が登場しているのかという点を再考したいと思います。なぜならこの映画では、過

4　前掲『戦う姫、働く少女』。

図補 – 7　料理を貪り食す両親
© 2001 Studio Ghibli・NDDTM

図補 – 8　カオナシの前に出された絢爛豪華な料理
© 2001 Studio Ghibli・NDDTM

剰な食欲、暴飲暴食の場面が反復しているからです。１つは千尋の
両親です。千尋の両親の前には大皿に盛られた様々な料理があり、
２人はそれを貪ります（図補 – 7）。千尋の両親、とくに父親の体格は、
痩せた千尋と対照的に示されているようです。そのために、千尋は
『霧のむこうのふしぎな町』のリナ——太り気味の設定から変更さ
れたのでしょう。もう１つは、カオナシによる暴走する欲望——食
欲です。カオナシの前には油屋のもてなしとして絢爛豪華な料理が
次々に運ばれます（図補 – 8）。それどころか、カオナシは従業員（蛙
である男性、なめくじの女性）を次々に呑み込んでゆきます。そもそも

図補 - 9　口に特化したキャラクターのカオナシ
© 2001 Studio Ghibli・NDDTM

　カオナシは、首の下に大きな口を持つ＝食べることに特化した異様な造型となっています（図補 - 9）。

　では、なぜ『千と千尋の神隠し』では、過剰な食事や食欲が登場しているのでしょうか。それはこの映画が、食べるものを吐き出すこと＝スカトロジーを描出しているためでしょう。これも河野さんが指摘していますが、『千と千尋の神隠し』では、排泄行為や嘔吐の場面が頻出しています。強烈な悪臭を放つ腐れ神（オクサレ様）は大量のゴミを吐き出します。千尋のエスコート・ヒーロであるハクは、契約印とタタリ虫を吐き出します。そして、カオナシの過剰な嘔吐が圧倒的なまでに描出されています。

　腐れ神の介助を千尋が担っているように、千尋の労働は、ケア労働です。エヴァ・フェダー・キテイは『愛の労働あるいは依存とケアの正義論』（2010年）において、その点を明確に述べています。キテイは、赤ん坊や子ども、高齢者、障碍者などがいずれも誰かにケアされ世話されなくてはいけない依存者になることを述べています。私たちの世の中では、依存者をケアする者が必ず存在していなければなりません。しかし依存者をケアする人々についての諸問題は、見過ごされてきました。たとえば、そのケアは、有償であれ無償で

あれ、圧倒的多数を女性が担ってきたのは、どうしてなのでしょうか。介護のような依存労働は、愛情がなくても成り立つはずです。しかし、それは愛情ゆえの労働と混同されます。子育てや介護などのケアをする女性は、そのために人生設計を変更せざるを得ない状況に置かれがちです。すなわち、ハンデを負いがちですが、そのケアの価値は正当に認められず「隠されたまま」ではないかとキテイは問うのです[5]。

『魔女の宅急便』のキキは、宅急便の労働とともに笑顔でいることが必要な感情労働——賃金に換算されない感情コントロールも要請されていました。一方、千尋は、冒頭では仏頂面で登場しており、家庭内労働も感情労働も必要としない子どもとして設定されていました。油屋では、茶碗に盛られたご飯でさえ変色するほど強烈な臭いを放つ腐れ神がきたとき、呼ばれたのはリンと千（千尋）でした。腐れ神を玄関で迎えた千尋が、臭いに耐え切れず、思わず口と鼻を手で覆ったとき、湯婆婆は「おやめ。お客さんに失礼だよ」と、感情労働を強いています。また、瀕死の龍となったハクの世話をするのも千尋でした。千尋のケア労働は、「湯屋（油屋）」でありながら、感情労働や、高齢者介護に象徴される依存労働、愛情労働としての側面がみえてきます。それらがジェンダーによって割り振られることも宮崎監督はしっかりと描いているようです。

5　「監訳者あとがき」（『愛の労働あるいは依存とケアの正義論』2010年、白澤社、牟田和江、岡野八代による）参照。

カレル・ゼマンと宮崎駿監督
──ジュール・ヴェルヌを通じた想像力の共有

チェコアニメの巨匠──カレル・ゼマン

　みなさんは、カレル・ゼマン（1910〜1989年）というアニメーション作家をご存知でしょうか？　カレル・ゼマンは、ヘルミーナ・ティールロヴァー（1900〜1993年）、イジー・トルンカ（1912〜1969年）とともにチェコスロヴァキア（チェコ）におけるアニメーションの揺籃期に活躍した三大巨匠の１人で、チェコアニメの礎を築いた人です。ティールロヴァーは、人形のほかハンカチや毛糸など生活の身近にある素材を使った作品を発表し、トルンカは人形アニメーションの金字塔を打ち立てた作家です。ゼマンは人形アニメーション、切り絵アニメーション、トリック映画などを制作しました。

　宮崎駿監督や高畑勲監督が敬愛する、あるいは深く感銘を受けたと言及するアニメーション作家は、ユーリー・ノルシュテイン、フレデリック・バック、ポール・グリモー、レフ・アタマーノフなどですが、宮崎監督の映画作品を観ていると、ときどきゼマンの作品世界が、顔をのぞかせてきます。そこで本講では、カレル・ゼマンのトリック映画を概観しつつ、宮崎監督の作品との接点をみてゆきたいと思います。

　ゼマンの創作の世界を知るには、『カレル・ゼマンと子供たち』（1981）というメイキング映像を観るのが近道でしょう。それは、こんなナレーションから始まっています。

人間は平凡な暮らしに満足できない生き物だ　地球の重力から解放され大空を飛ぶ事を願い、翼を広げ高く高く飛ぼうとした　雲を抜け天上を目指す　もっと高く高く　銀河の果てまで　この人類の夢をカレル・ゼマンは、映画という幻想の世界で実現させた　これが彼の世界　ファンタジーとドラマ　彼の果てしない世界はユーモアに満ちている　ここが彼のアトリエ　彼の王国でもある　彼の手にかかれば不可能が可能になる

『カレル・ゼマンと子供たち』を観ると、ゼマンは少年の純粋な心を失うことなく、映画作りを楽しんでいる様子がみえます。このメイキング映像でもわかるように、ゼマンは人形、切り絵のほか、チェコの伝統工芸であるガラス細工を素材にしたアニメーション作品（『水玉の幻想』1948年）を制作しましたが、なかでも、ゼマンの特撮映像は、スティーヴン・スピルバーグ、ジョージ・ルーカス、ピーター・ジャクソン、テリー・ギリアムなどその他多くの映像制作者に測り知れない影響を与え続けてきました。ひとたびゼマンの独創的な画面、いたずらっ子のようなお茶目なアクション、大らかなユーモアに溢れたナラティブ（叙述）を目にすれば、視聴者は、たちまちゼマンワールドに魅了されることでしょう。

映像の魔術師

　「映像の魔術師」の異名を持つゼマンが、国際的な成功を収めたのは『悪魔の発明』（1958年）という作品でした。アメリカでは、"The Fabulous World of Jules Verne"（『ジュール・ヴェルヌの素晴らしい世界』）というタイトルで上映されました[1]。この映画は、『海底二万里』などで知られる小説家・ジュール・ヴェルヌ（1828〜1905年）の作品を基にした冒険映画で、ブリュッセルの国際映画祭でグ

ランプリを受賞。72ケ国でフィルムが売られ、ニューヨークだけでも96の劇場で上映されました。日本で初めて映画館で公開されたゼマン作品でもありました。

アニメーション作家の古川タクさんは、同作が最初に出逢ったゼマン作品であり、兄や姉からの評判を聞いて観に行ったと述べています。映画評論家の小野耕世さんも、銀座の封切館（日劇の地下のニュー東宝）で観て、この当時、SFやファンタジーに興味もない人がゼマン映画を観て驚いたのだといいます。荏原オデヲン座（品川、1987年閉館）のパンフレットや、岩手県・盛岡市の中劇で発行されたニュース記事（「中劇週報」）でも、『悪魔の発明』が上映されていたことが確認されます[2]。同作を観た華道家・勅使河原蒼風さんは「わたしはもっとなんべんも見たい。こんなおもしろいことがあるだろうかと考える。ただコーフンしながら、ひきつけられっぱなしだった」といい、小説家・安部公房は「これこそ、ぼくが、ながらく待ちこがれていたものだ。もしもぼくに機会さえあたえられていたら、ぼくはこういう映画がつくりたかった」（「映画「悪魔の発明」の独創」）と記しています。

『悪魔の発明』のストーリーは次の通りです。天才的な科学者であるロック教授と助手のハールは、海賊に誘拐される。黒幕は、大富豪の伯爵。伯爵は言葉巧みにロック教授を騙すものの、教授は孤島の秘密の研究所で嬉々として研究を進める。一方、伯爵の野望が世界征服のための究極の兵器を発明させることだと知った助手のハールは、気球を使って世界中にそのニュースを知らせる…。

この映画の特徴は、なんといっても独特のビジュアル・スタイル

1　『悪魔の発明』の主な原作となったヴェルヌ小説のタイトルは『国旗に面して』であるが、同小説の日本語版は、ゼマン映画の題名をそのまま採って『悪魔の発明』としたという。
2　上映記録は、著者所蔵資料に拠る。

にあります。ライブ・アクションによる俳優たちの演技、切り絵、人形、ドローイングなどをもとにした様々なアニメーションが混然一体となって不可思議な画面を創り上げているからです。たとえば、漫画家の横山隆一さんは次のように述べています。「見た事も、考えたこともない不思議な面白い映画である。エッチングの名画がその儘動くので、たまげてしまう」。

　ほかにも、劇作家の飯沢匡は「さしづめ日本で申せば徳川時代の錦絵がそのままに動き出したといえばいいのでしょうか、映画史の上に一つの足跡を残す作品といえましょう」、心理学者でありジュール・ヴェルヌ『十五少年漂流記』の翻訳者でもあった波多野完治さんは「奇書ということばがありますが、そのような意味で、これは奇映画ともいうべき、珍重にあたいする一作です」と述べています。

　背景は書き割り、俳優や大道具は実写、小道具は絵画というような大胆不敵な同作の画面に観客はただ驚くばかりであったのです。

　ゼマンのトリック映画は、いわゆる"だまし絵"とは大きく異なります。彼のトリック映像の文法には、何の規制もためらいもないようにみえるからです。それでいて、不思議とリアリティが保証されています。それは、トリック映像であることを敢えて暴いて"見世物"にするという戦略なのでしょう。アニメーションやトリック映像は、"動く騙し絵である"とする認識が広く共有されてきましたが、このような既成の考え方はここでは覆されてしまいます。

　特殊効果、従来トリック映像と呼ばれてきたものは、大まかにいえば2つに区分されるでしょう。映画の観客に特殊効果と気づかせないものと、気づかせるもの。もちろん、大半を占めるのは、観客に気づかせない特殊効果であって、だからこそ現実の世界ではありえないような世界が画面で実現されることに観客は感銘します。そして現実と虚構の境界が曖昧化され、自分の感覚が惑わされること

を喜んで受け入れてゆきます。しかしながら、たとえば映画評論家・岡田真吉さんは本作を「自然をそのまま記録することを最大の長所としている映画の性格を無視して、しかも中々すばらしい効果をあげているのが面白い」と述べています。いわば、ゼマン映画の面白さとは、特殊効果で創り上げていることをあえて露呈する点、いわば例外的な特殊効果の使用例にあるのでしょう。

　1987年8月。ゼマンは広島国際アニメーションフェスティバル（第2回）に国際名誉会長としてやってきました。しかし、惜しむらくはその2年後、この世を去ってしまいます。同年、宮崎監督は『魔女の宅急便』を公開しています。宮崎監督作品において、ゼマンとの接点で着目されるのは、『天空の城ラピュタ』『魔女の宅急便』『崖の上のポニョ』などの映画でしょう。ゼマン映画の『ほら男爵の冒険』（1961年）『盗まれた飛行船』（1966年）[3]と『前世紀探検』（1955年）と通底するシーンを持つのですが、まずは『盗まれた飛行船』の世界をみてゆきましょう。

『盗まれた飛行船』——読書空間の想像力

　『盗まれた飛行船』は、ヴェルヌの小説『十五少年漂流記』をもとにした映画です。5人の少年たちが博覧会から盗み出して乗り込んだ飛行船が、プラハの街を飛び立つ話です。博覧会では、大人たちは飛行船の爆発を恐れて、飛行船に乗ろうとしません。そのため飛行船の持ち主は、この燃料が不燃性のガスであると嘘をついてしまいます。その燃料の秘密を知ろうと軍隊や新聞記者がやっきになって飛行船を追いかけます。飛行船に乗った少年たちは、風に誘われヨーロッパを横断、無人島へ着陸しますが、最終的に海軍に救

3　『盗まれた飛行船』はテヘラン、リミニ、ソ連などの映画祭で受賞している。

図補 –10　上が絵、下が実写の画面（『盗まれた飛行船』）

助され、わが家へ帰り着きます。

　同作も、切り絵、版画、模型、実写などを様々に組み合わせ、見事な"魅せる絵"が創造されています。たとえば図補 –10は、上部が絵で描かれた宮殿であるのに対し、下部の人々は実写です。そして、絵の部分と人々が演じるライブ・アクションで撮影された部分は、切り離された存在として1つの画面に収まっているのではありません。次の図補 –11はこの気球から物が落ちる画面です。この気球から人々のところに物が落ちる実写のシーンが図補 –12となっています。つまり、絵の部分と実写部分は、地続きの世界なのです。ここでは、次の評言が参考になるでしょう。前述の『悪魔の発明』の導入部について語られたものです。

　奥行きを感じさせない平面の絵のごとき機関車が走る。それだけなら驚きもさほどではないが、機関車の中には機関手が、客車の中には窓ごしに客がいて動くのである。それを知覚した瞬間に、絵の中に人間がはいりこんでいるような錯覚を起こし、たちまちこの映像の魔術的世界に魅入られてしまう。[4]

218

図補 -11　気球から物が落ちる

図補 -12　人々のところに物が落ちる

　『盗まれた飛行船』で使われている画面も、"だまし絵"のような機能は期待されていません。ここで興味深いのは、図補 -13です。みなさんは、飛行船に乗った子どもたちが眺めているのは、どんな世界だと思われますか？

　ゼマンはあるインタビューで答えています。チェコスロヴァキアではどこの家庭にもジュール・ヴェルヌの本があり、子どもたちはヴェルヌの本で外界と通じていた、と。『盗まれた飛行船』のほか『前世紀探検』『悪魔の発明』『彗星に乗って』（1970年）も、ヴェル

4　伴野孝司、望月信夫『世界アニメーション映画史』（1986年、ぱるぷ出版）。

図補 -13　飛行船に乗った子どもたちが銅版画の景色の中を眺める

図補 -14　銅版画の世界（『盗まれた飛行船』）

ヌの小説をもとにした映画です。小野耕世さんは、高校生の頃に、ジュール・ヴェルヌの木版画のイラストが動き出したようなゼマン映画の画面を息を呑んでみつめたといっています。すなわち、着目すべきは、ゼマン映画の画面が、ヴェルヌ小説（初版本）の銅版画のイラストを喚起させている点でしょう（図補 -14）。

　ゼマン自身、かつてジュール・ヴェルヌの熱心な読書少年でした。ゼマンの娘のルドミラ・ゼマンは、子どものときに美しい彫刻の挿絵が載っているヴェルヌの小説を持っていたと証言しています。ゼマン自身「私はジュール・ヴェルヌの熱烈な崇拝者であり、今後も崇拝者でありつづけます。」と述べます[5]。ゼマン映画はヴェルヌ

の小説についての深い鑑賞と理解から成り立っています。だからこそ、こんな風にいうことができるのではないでしょうか。

『盗まれた飛行船』で挿絵の中を飛んでいる子どもたちは、かつてジュール・ヴェルヌの本を読んで冒険の世界に憧れた子どもたちと重なっている。そして、飛行船に乗る少年たちは書物に描かれた挿絵の世界を飛んでいるのだ、と。

『盗まれた飛行船』が、読書少年の夢の実現だとすれば、私たちは、ゼマン映画を通して、読書空間の中で想像力による夢の飛翔をしている、といえるのではないでしょうか。そこでは、劇場もまた読書空間となります。

ゼマンのトンデモ・メカと『魔女の宅急便』

宮崎監督との共通部分を考察するために、まずは『盗まれた飛行船』と『魔女の宅急便』との接点をみてゆきましょう。

『盗まれた飛行船』は、ヴェルヌの『二年間の休暇』を下敷きにした映画ですが、少年たちの盗む「船」の設定は「飛行船」へと書き換えられています。つまり少年たちの冒険フィールドは、海から空へと変更されたのです。そのためにこの作品は、人類の果てしない飛翔の夢が描かれています。

　　今世紀一番の大事件　人間が空を飛ぶのです　翼を持った英雄　彼は鳥を追い越します　新時代の幕開け　宇宙への第1歩です　雲への道が開かれるのであります　人々は翼で 22世紀へ飛ぶのです

　　来るべき時がやってきました　操縦できる飛行船です　まさに新時代の

5　スペシャル・エフェクト・ミュージアムの展示資料。

図補 -15 『盗まれた飛行船』に登場する様々な飛行機、飛行器具

　到来であります　飛行船は発動機で動くのです。

　そして、空を飛ぶ様々な乗り物が相次いで登場します。気球、人力飛行機、ボート漕ぎのようにオールで空を漕ぐ飛行船や、自転車のようにペダルを漕いで飛ぶ珍妙な乗り物など（図補 -15）。『盗まれた飛行船』に登場する飛行機具には、ゼマンの遊び心が満載です。アニメーション研究家のおかだえみこさんのいう通り、これらゼマンの「トンデモ・メカ」に張り合えるのは宮崎監督だけでしょう。『風の谷のナウシカ』（1984年）のメーヴェ（図補 -16）、『天空の城ラピュタ』に登場する羽根を動かすことで飛行するフラップター（図補 -17）、『ハウルの動く城』のフライングカヤック（図補 -18）など、

図補 -16　『風の谷のナウシカ』に登場するメーヴェ
© 1984 Studio Ghibli・H

図補 -17　『天空の城ラピュタ』に登場するフラップター
© 1986 Studio Ghibli

　現実には飛翔するとは思えない飛行機具を思い起こしてもよいで
しょう。なかでも、『盗まれた飛行船』では、子どもたちが、自転
車のペダルを漕ぎながら空を飛ぶ場面が注目されます（図補 -19）。
これは、『魔女の宅急便』（1989年）で少年のトンボが乗る、ペダル
で漕ぐ人力飛行機を思い起こさせるでしょう（図補 -20）。トンボが
飛翔の夢を抱く少年であることや、この人力飛行機でトンボとキキ
が、不時着した飛行船を見に行くのは偶然なのでしょうか（図補
-21）。『天空の城ラピュタ』でも、パズーの父親は飛行船からラピュ
タをみたとシータに説明しています（図補 -22）。高畑勲監督の『母

図補 -18 『ハウルの動く城』に登場するフライングカヤック
© 2004 Studio Ghibli・NDDMT

図補 -19 少年が自転車のペダルを漕ぎながら空を飛ぶ
（『盗まれた飛行船』）

図補 -20 トンボがペダルを漕いで飛ぶ（『魔女の宅急便』）
© 1989 角野栄子・Studio Ghibli・N

図補 -21　キキとトンボは不時着した飛行船を見に行く（『魔女の宅急便』）
上は『盗まれた飛行船』に登場する飛行船
© 1989 角野栄子・Studio Ghibli・N

図補 -22　パズーが父親の飛行船について説明する場面（『天空の城ラピュタ』）
© 1986 Studio Ghibli

図補 -23 「ひこう船のとぶ日」（『母をたずねて三千里』1976年、第12話）
© NIPPON ANIMATION CO., LTD.

をたずねて三千里』(1976年) でも、「ひこう船のとぶ日」という話があり（図補 -23）、この話が原作の『クオレ』にはない物語であることは、「飛行船」が宮崎監督と高畑監督の想像力の共有となっており興味深いでしょう。

『崖の上のポニョ』と『前世紀探検』

映画『魔女の宅急便』には、キキが生まれて初めて「海」をみて歓喜する場面があります。角野栄子さんの童話にも同じシーンはあるのですが、海だと先に口にするのは黒猫のジジであるため、キキの海に対する熱量の差が認められます。

『盗まれた飛行船』でも、少年たちが生まれて初めて海を目にして感激する場面があります 。実はここには、ゼマンの、そして同世代の子どもたちがヴェルヌの小説を通じて、海を知り、海への憧れをふくらませていった気持ちが映し出されているのです。チェコスロヴァキアには海がなく、子どもたちにとっては、ヴェルヌの小説が海についての想像力の源泉でした。ゼマンの映画では、子どもたちが初めて海をみて感動する台詞は『前世紀探検』にも描かれているため、"ヴェルヌの海"に対するゼマンの熱い思い入れが確認

できます。また、『盗まれた飛行船』には、ヴェルヌ小説ではおなじみの潜水艦ノーチラス号とネモ船長が登場し、ネモ船長が少年たちにこっそり料理をふるまう場面も出ています。実は、このノーチラス号に乗った少年の1人が『崖の上のポニョ』に登場するポニョの父親・フジモトなのです。そして、『崖の上のポニョ』には、『前世紀探検』を彷彿とさせる場面があります。

　『前世紀探検』は、ボートに乗った4人の少年たちが、時間の川を遡りながら、古代を冒険する話です。やはりコマ撮り、切り絵アニメ、模型、ぬいぐるみなどが効果的に組み合わされて作られています。　この映画は、恐竜映画史の先駆的作品であり、スティーヴン・スピルバーグ『ジュラシック・パーク』（1993年）のはるか40年も先行してつくられている事実を鑑みて、賞賛する評者も少なくありません。

　少年たちは、ボートの上から恐竜やマンモスをみて、古生代の森林を通り抜け、太古の海へ辿りつきます。『崖の上のポニョ』では、宗介とポニョがボートに乗りながら、水の中のデボン紀の水中生物をみて「あれ、ボトリオレピスだよ」「これはねえ」「ディプノリンクス！」「わあ大きい」と掛け合う場面がありますが、ここには宮崎監督による『前世紀探検』に対するオマージュが示唆されているように思われます（画補-24）。

　そこで、図補-25をご覧ください。『前世紀探検』の一場面です。背景の“絵”と疾走するキリンの“模型”と少年たちの“実写”の部分から構成されていることがわかります。この構図は、既視感を伴うものではないでしょうか。

　なぜなら、ゼマンにとって『前世紀探検』は、トリックというよりも、子どもたちに見せる科学教材として前世紀の世界を忠実に描く目的があったからです。そのため同作は、ストーリーが単調だ、

図補 -24　宗介とポニョがデボン紀の海の生き物をみる（『崖の上のポニョ』）
© 2008 Studio Ghibli・NDHDMT

図補 -25　カレルゼマン『前世紀探検』
© broadway adansonia

ドラマチックではないという批判も受けたのですが、教育関係者の
あいだでは科学的に正確であり、誇張のない映画として非常に高い
評価を得ました。

　この映画は結果として、ドキュメンタリー的科学映画という目論
みとは、異なる効果を発揮しているのではないでしょうか？　なぜ
なら、この映画の構図は、博物館で「前世紀」（模型）を体験・観覧
する子どもたち（実写）の姿を喚起させるものになっているからです。
ここでの"だまし絵"は、こんな意外な効果を発揮しているのかも
しれません。あるいは、博物館のリアリティこそが、私たちにとっ
て「前世紀」のリアリティを裏書きしているのだと再認識すること
になるのかもしれません。

図補 -26　スペシャル・エフェクト・ミュージアム（カレル・ゼマンの博物館）
（著者撮影）

カレル・ゼマン博物館
──ジュール・ヴェルヌを通した想像力の共有

　チェコの首都であるプラハ。大道芸人や露店の売り子、音楽演奏などで賑わうカレル橋を渡った先には、マンモスの模型が置かれた建物がみえてきます。スペシャル・エフェクト・ミュージアム──カレル・ゼマンの博物館です（図補 -26）。2012年にチェコ共和国初の映画博物館としてオープンしました。博物館は、ゼマンの生涯や作品に関する資料、未公刊の写真、撮影に使われた人形のほか、遊び心に溢れた展示物で構成されています。というのは、ゼマンが映画で使ったような特殊映像の技術を訪問者が試すことができる体験型ミュージアムとなっているからです。映画スタジオを想定した各展示室の背景は、訪問者がまるでゼマン映画のワン・シーンの中に入り込んでいるように仕立てられています。『悪魔の発明』で有名な潜水艦を操縦することができれば、『ほら男爵の冒険』のように、月のまわりを歩くこともできます。そして、突飛で可笑しな"空飛ぶ機械"──『魔女の宅急便』のトンボの人力飛行機を想起させる──を漕ぐこともできます（図補 -27）。

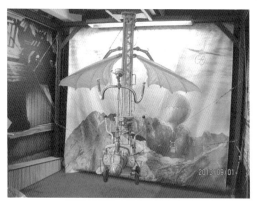

図補 -27 体験型ミュージアム
空飛ぶ機械（著者撮影）

＊

　人類最初のロケットに乗った宇宙飛行士が月面到着第一歩の感動で溢れていると、向こうには古ぼけたロケットが月面にのめり込んでいる。どうやらほかの誰かが既に着陸していたらしい。ロケットの機体には「"地球より月へ"　1865年　ジュール・ヴェルヌ」という文字——これは『ほら男爵の冒険』の冒頭です。みなさんは、宮崎監督による『天空の城ラピュタ』が、「始祖ジュール・ヴェルヌが活躍した時代」という設定であることをご存じでしょうか？『ほら男爵の冒険』と『天空の城ラピュタ』がヴェルヌを通じて共有部分を持つのは当然といえるでしょう。しかしながら、囚われたヒロインの救出、敵との追っかけっこ、海賊の登場など『ほら男爵の冒険』には『天空の城ラピュタ』における既視の風景が並んでいます。

　それだけではありません。ゼマン博物館の展示の解説をみてゆくと、ゼマンと宮崎監督との共有部分が改めて確認されるのです。行

き過ぎた科学技術への揶揄（"Man has created a grandiose world of technology, of which dread and fear are often result…"）は、『天空の城ラピュタ』の「機械がまだ機械の楽しさをもつ時代、科学が必ずしも人間を不幸にするとはきまっていない頃」という設定を思い起こさせますし、独特のユーモア（"Zeman's Filmic Sense of Humour"）とノスタルジーや、子ども向けの映像、そして戦争の否定──『狂気のクロニクル』（1964年）で描写された反戦の強い思い──などです。参考までに、ゼマンによる戦争の不条理への想いについては、以下のような展示説明がありました。

The Absurdity of War

"A person's character and basic views on the world are formed in childhood.
Our experience of right and wrong at that age sets the foundations of attitudes which children have to deal with later in life. Film has a very strong effect in that way, and I want my work to contribute to the good." / Karel Zeman /

（戦争の不条理
「性格と最初の世界観が形成されるのは幼少の頃ですが、その時代に形成された善悪の認識は、子どもがのちに人生において対処する際の態度の基礎として永久に残ります。そのため映画は強い影響力をもっています。私の作品がよいことに貢献できればと思っています」カレル・ゼマン）

……そして、ゼマン博物館のショップの小さな棚には、チェコ語版の宮崎映画の DVD が並んでいました。

SF 作家の野田昌宏さんは、宮崎監督の CF デザインにも影響を与えた飛行戦艦として、ジュール・ヴェルヌの「空飛ぶ戦艦」に登

場するアルバトロス号を取り上げています[6]。宮崎監督の描く飛行機具が、同じくヴェルヌ作品を原作とするゼマン映画（『悪魔の発明』『盗まれた飛行船』）の飛行船や"空飛ぶ機械"と同じテイストであるのは自明の理なのでしょう。前述のように、宮崎映画『天空の城ラピュタ』の舞台設定は「始祖ジュール・ヴェルヌが活躍した時代」であり、『崖の上のポニョ』に出てくるポニョの父親は、過去に『海底二万里』に登場する潜水艦「ノーチラス号」の乗組員であった設定でした。ジュール・ヴェルヌは『海底二万里』で文明社会と縁を切るネモ船長を描きましたが、ポニョの父親は人間の破壊性に嫌気がさして海中に住んでいます。付言すれば『海底二万里』には、モリを持ってサメと闘う男が登場し、宮崎監督の最初の監督作品『未来少年コナン』のコナンを想起させます。『魔女の宅急便』で少年トンボがペダルで漕ぐ人力飛行機は、『盗まれた飛行船』で子どもたちが漕いでいるものと似ており、これらはフィクションの中だけで飛翔するものです。『ほら男爵の冒険』の男爵が、「空想の力で星空まで舞い上がる男」であるとすれば、ゼマンも宮崎監督もジュール・ヴェルヌ作品を通じた想像力の共有によって映像の空を舞い上がります。ゼマンと宮崎映画を通して私たちのもとに届けられているのは、２人の監督による想像力の飛翔なのでしょう。

6　前掲『ジブリ・ロマンアルバム　天空の城ラピュタ』。

◆ おわりに ◆

　この書物は、文学部の教員として大学に着任して以来、十数年にわたりジブリのアニメーション映画について講義してきた内容を基にしたものである。講義の文体に近づけ、できるだけ講義内容を再現できるようしている。そのため、研究書であれば必要なエビデンスや注を多く割愛した。適宜巻末の文献で補っていただければ幸いである。また本書では、大学の講義回数（セメスター分）に合わせて、作品数を選定したため、取り上げなかったジブリの作品も多くある。次の機会を待ちたい。

＊

　十年近く前から、宮崎駿監督についての著作刊行のお誘いいただいていたものの、（恵まれた機会に感謝しつつも）目前の仕事を優先し、完成させることができなかった。このたび、書物刊行まで辿り着いたのは、学生の多様性に目配りができていない自分を深く省みたからである。

　昨年、聴覚が不自由な受講生から講義内容を活字化して欲しいと提案された。授業が終わったあと、私の声が聞き取れずに疲弊した表情を浮かべている学生を見たとき、次の学期には多様な学生に対応できるようにしようと決心した。それまでは、授業を欠席しないように、と受講生に伝えていたのだが、教室には日本語の聞き取りが苦手な留学生もいる。コロナ禍では感染やワクチンの副反応で欠席しなければならない学生も増えていた。本書において講義の文体で執筆したことが、どの程度〈ひらく〉ことになったのか未知数ではあるが、今後も様々な人たちの手に届きやすいように精進したい

と考えている。

＊

2000年を数年過ぎた、ある初夏のことだったと思う。

私は、ある大学の、窓から青い海が見える会議室で、教員採用の面接を受けていた。その時、教員として着任したら、ジブリのアニメーションを教えて欲しいという要望を受けた。もともと文学研究に携わってきた私が、ジブリ・アニメーションの講義を求められたのは、高畑勲、宮崎駿の両監督が、宮沢賢治の熱心な読者であったためだ（私は宮沢賢治の研究で学位を取得予定であった）。その当時は、アニメーションが学術的な研究対象となることは、ほとんど認識されていなかった。したがって、私の研究はいわば「異端」だった。そもそも私自身、日本文学の授業で、アニメーション作品の講義を行うのは、想定外のことであった。文学研究に携わる者は、文字で書かれたものに興味を持ち、書物に並ぶ活字とずっと付き合うことになるため、映像表現はそもそも不得手、と言う人が（その頃は）多かったのだと思う。アニメーション映画を前にして、あるいは学生を前にして、どのような視点でどのように論じれば良いのか、ずっと頭を悩ませてきた。もちろん、アニメーションを考察する方法論は、今でも確立していない。その「開発」もまた研究者の手に委ねられている状況である。アニメーション研究の地平を切り開くための方法論については、私自身、現在もなお試行錯誤を重ねる日々である。

＊

ジブリ・アニメーションの研究に携わるようになって以来、多くの学恩に浴してきた。ここでは本書を作成する過程で直接お世話になった方に感謝を申し上げたい。本書の草稿を読んで、内容のチェックをしてくださった専修大学人文科学研究所特別研究員の平

野泉さん、専修大学大学院生の白石祝子さん（『崖の上のポニョ』の宗介の指の怪我と『人魚姫』の関わりに気づかせてくれました）。また、自動車の運転ができない私を『天空の城ラピュタ』の舞台であるイギリスの南ウェールズまでドライブして、Blaenavon を回ってくださった小学校教諭の天野稚子さん（『天空の城ラピュタ』を観たことがないにもかかわらず！）。

　早稲田大学出版部の武田文彦さんは、多様な学生のニーズに間に合わせたいという私の希望に快く応じてくださり、文章のほか新聞や画像の著作権のチェックなど大変な編集作業をしていただいた。加えて、貴重かつ的確なコメントをくださった。掲載する画像についてもスタジオジブリをはじめ各所に問い合わせをしてくださった。本書のタイトルである〈視覚的文学〉というタームも考案してくださり、この場を借りてお礼を申し上げる。

　2023年5月

　　　　　　　　　　　　　　　　　　　　　　　　米村みゆき

【第1講】

「〈視覚的叙述〉としての『ハウルの動く城』」（パネル発表）（日本アニメーション学会第24回大会発表2022年8月16日）

【第2〜4講】

「想像力のデザイン——宮崎駿と「原作」」（『専修大学人文科学研究所月報』261号、2013年1月）

「〈翻案〉する宮崎駿『魔女の宅急便』の脚色を原作・英語吹替に探る」（『専修国文』108号、2021年1月）

「実写映画『魔女の宅急便』における児童文学とアニメーションのあいだ」（『子どもの文化』（2021年9月）

【第5〜7講】

「歩行への夢想——『崖の上のポニョ』と『門』『リトル・マーメイド』」（『季刊東北学』2010年10月）

「（招聘シンポジウム）『崖の上のポニョ』の地政学」（『日語日文学研究』78号、韓国、2010年11月、韓国日語日本文学会国際シンポジウム）

Environmental Representation in Hayao Miyazaki's "Ponyo on the Cliff by the Sea"? : Cultural Landscape and the Representation of Disasters?（『専修大学人文科学研究所月報』294号、2018年7月）

【第8〜9講】

「宮崎駿のアニメーションとその源流——『天空の城ラピュタ』を主軸にして」（『児童発達研究』8号、2005年3月）

「宮崎駿版『貝の火』と原子力——『天空の城ラピュタ』の〈行間〉を読む」（『専修国文』110号、2022年1月）

【第10〜11講】

「アニメーションの〈免疫〉『ハウルの動く城』と戦争」（初出『ジブリの森へ——高畑勲・宮崎駿を読む　増補版』（2008年、森話社）

「宮崎駿の描く〝老い〟」（初出『〈介護小説〉の風景——高齢社会と文学』（2008年、森話社）

「（招聘講演）宮崎駿のアニメーション映画におけるリテラシー」（『中國文化大學　国際学術検討会論文集』、台湾、2017年5月）

Hayao Miyazaki and Adaptation: Themes of War and Aging in "Howl's Moving Castle"（講演、2020年2月12日、カナダ・ブリティッシュコロンビア大学アジアセンター）

【第12講】

「（招聘シンポジウム）ジブリ映画——媒体としての宮沢賢治」（『日本学研究』16号、中国、2006年11月、北京日本学研究センター）

STUDIO GHIBLI & KENJI MIYZAWA Viewing Hayao Miyazaki's animated films through the works of Kenji Miyazawa（講演、2018年8月30日、国際交流基金、カナダ・トロント）

【補講1】

「『千と千尋の神隠し』とはなんだったのか」（ラジオ放送、2021年7月19日、TBSラジオ「アシタノカレッジ」）

【補講2】

「アニメ論——カレル・ゼマンとジブリ」（「國文学　解釈と教材の研究」2004年5月、49巻6号）

「（招聘講演）飛行を実現するテクノロジー——宮崎駿のアニメーションにおける想像力」、2015年3月、国際交流基金、北京日本学センター、中国・湖南大学、四川外国語大学

「解説——読書空間の夢の飛翔は、後世まで続く——」（解説リーフレット）（カレル・ゼマン『ほら男爵の冒険』［DVD］、2017年、株式会社アイ・ヴィー・シー）

「解説」（解説リーフレット）（カレル・ゼマン『悪魔の発明』［DVD］、2017年、株式会社アイ・ヴィー・シー）

宮崎駿、スタジオジブリに関するブックガイド

1. 日本語文献

＊紙幅の都合上、本書で選定した宮崎作品についての書籍を中心に掲載した。
＊英語文献の日本語版については英語文献のリストに掲載した。
＊宮崎駿が解説を執筆した著作が多いが一部を除いて割愛した。
＊本書を作成するために参照した主要文献、および文学部、大学院文学研究科で学部生、大学院生が卒業論文作成、研究のために参照する文献を掲載した。
＊増補版、再版、文庫版を掲載した。

■スタジオジブリ監修、責任編集した著作など
・「アニメージュ文庫」シリーズ　徳間書店
　　『シュナの旅』(1983年)、『また会えたね！』(1983年)、『小説 となりのトトロ』(1988年)、『小説 天空のラピュタ 前篇/後編』(1986年) など、映画のノベライズやインタビュー。
・「THIS IS ANIMATION（ジス・イズ・アニメーション）」シリーズ　小学館
　　『ジス・イズ・アニメーションとなりのトトロ』(1982年、新装版2008年)、『ジス・イズ・アニメーション 魔女の宅急便』(1988年、増補改訂版2005年)、『THIS IS ANIMATION 千と千尋の神隠し』(2001年)、『THIS IS ANIMATION ハウルの動く城』(2004年)、『THIS IS ANIMATION 風立ちぬ』(2013年) など、映画のストーリーのダイジェスト。
・「ロマンアルバム」シリーズ　徳間書店
　　『ジブリ・ロマンアルバム 未来少年コナン』(1981年)、『ジブリ・ロマンアルバム となりのトトロ』(2001年)、『ジブリ・ロマンアルバム 魔女の宅急便』(2008年)、『ジブリ・ロマンアルバム 紅の豚』(1992年)、『ジブリ・ロマンアルバム 天空の城ラピュタ』(2001年)、『映画天空の城ラピュタ GUIDBOOK』(1986年、復刻版2010年)、『『月刊アニメージュ』の特集記事で見るスタジオジブリの軌跡——1984-2011』(2011年) ほか、各作品の場面の解説や制作スタッフのインタビューを掲載。
・「ジ・アート」シリーズ　徳間書店
　　『ジ・アート・オブ となりのトトロ』(1988年、新装版2008年)、『ジ・アート・オブ 魔女の宅急便』(1989年)、『ジ・アート・オブ 紅の豚』(1992年)、

『ジ・アート・オブ 千と千尋の神隠し』(2001年)、『ジ・アート・オブ ハウルの動く城』(2005年)、『ジ・アート・オブ 崖の上のポニョ』(2008年)、『ジ・アート・オブ 風立ちぬ』(2013年）ほか、イメージボードや設定資料、アフレコ台本（決定版）などが掲載。

・**『スタジオジブリ絵コンテ全集』2001年〜、徳間書店**
第1巻の『風の谷のナウシカ』からジブリの全作品の絵コンテを完全収録し、順次刊行。

・**スタジオジブリ責任編集『ナウシカの「新聞広告」って見たことありますか。──ジブリの新聞広告18年史』2002年、徳間書店**
『風の谷のナウシカ』から『猫の恩返し』までスタジオジブリ作品の新聞広告を収録。広告のデザイナー、宣伝プロデューサー、配給宣伝会社担当の座談会も収録。

・**『ジブリの教科書』シリーズ　2013年〜、徳間書店**
第1巻の『風の谷のナウシカ』からジブリの全作品について制作スタッフや批評家が執筆した文章を収録。順次刊行。

・**「シネマ・コミック」シリーズ　文藝春秋（文春ジブリ文庫）**
ジブリの全作品のコミック版。順次刊行。

・**『スタジオジブリ作品関連資料集Ⅰ〜Ⅴ』1996〜1997年、徳間書店**
『風の谷のナウシカ』から『耳をすませば』までのジブリ作品について、劇場ポスター、チラシ、映画のパンフレットなど詳細な資料を掲載。

・**『スタジオジブリ全作品集』2021年、講談社**
『風の谷のナウシカ』から『アーヤと魔女』までスタジオジブリのアニメーション作品を紹介。

■**宮崎駿のインタビュー、対談など**

・**宮崎駿『出発点──1979〜1996』1996年、徳間書店**
宮崎駿の企画書、演出覚書、エッセイ、対談などを収録。

・**養老孟司 責任編集『宮崎駿』1999年、キネマ旬報社**
宮崎駿の対談や、宮崎駿が参加した作品のデーターベースを掲載。

・**宮崎駿『折り返し点──1997〜2008』2008年、岩波書店**
『もののけ姫』から『崖の上のポニョ』まで宮崎駿の企画書、エッセイ、インタビューなどを収録。

・**養老孟司、宮崎駿『虫眼とアニ眼』2008年、新潮社**
解剖学者・養老孟司と宮崎駿との対談。カラーイラストも収録。2002年版

の文庫化。

・宮崎駿『風の帰る場所 ナウシカから千尋までの軌跡』2013年、ロッキング・オン

　　『風の谷のナウシカ』から『千と千尋の神隠し』までの宮崎駿のロングインタビュー。2002年版を改訂。

・宮崎駿『続・風の帰る場所——映画監督・宮崎駿はいかに始まり、いかに幕を引いたのか』2013年、ロッキング・オン

　　『崖の上のポニョ』『風立ちぬ』までの宮崎駿による4本のロングインタビュー。

・半藤一利、宮崎駿『半藤一利と宮崎駿の腰ぬけ愛国談義』2013年、文藝春秋

　　作家・半藤一利と宮崎駿による7時間余りの対談を掲載。

■宮崎駿の著作（漫画）など

・宮崎駿『宮崎駿の雑想ノート』1992年、大日本絵画

　　月刊『モデルグラフィックス』に連載された古今東西の兵器と人間の情熱を描いたイラスト、カラー漫画。増補改訂版は1997年刊行。

・宮崎駿『飛行艇時代——「紅の豚」原作』1992年、大日本絵画

　　アニメーション映画『紅の豚』の原作「飛行艇時代」と『紅の豚』の資料。増補改訂版は2004年刊行。

・宮崎駿『泥まみれの虎——宮崎駿の妄想ノート』2002年、大日本絵画

　　第2次大戦のティーガー戦車隊についてのオットー・カリウスによる戦記「ティーガー戦車隊」を原作にした宮崎駿によるカラー漫画。カリウスとの対談、インタビューも収録。

・宮崎駿『風立ちぬ 宮崎駿の妄想カムバック』2015年、大日本絵画

　　アニメーション映画『風立ちぬ』の原作漫画の書籍化。月刊『モデルグラフィックス』で連載された全9話を収録。コラムや解説も掲載。

■宮崎駿が企画、編集、解説した著作

・堀田善衞、司馬遼太郎、宮崎駿『時代の風音』1997年、朝日新聞出版

　　堀田善衞、司馬遼太郎、宮崎駿による「国家」「宗教」「日本人」などをテーマにした鼎談。

・ロバート・アトキンソン・ウェストール著、宮崎駿編『ブラッカムの爆撃機——チャス・マッギルの幽霊／ぼくを作ったもの』2006年、岩波書店

　　宮崎駿のカラー漫画「ウェストール幻想　タインマスへの旅」を掲載。

- 宮崎駿『トトロの住む家 増補改訂版』2011年、岩波書店
  「トトロ」が住みそうな「懐かしい家」を訪ね歩き、絵と文で綴る。初版は1996年朝日新聞社刊。2010年7月に完成した宮崎駿デザインの公園「Aさんの庭」のイメージボード5枚と新たな写真、インタビューも収録した増補改訂版。
- 宮崎駿『本へのとびら――岩波少年文庫を語る』2011年、岩波書店
  宮崎駿が薦める岩波少年文庫50冊の紹介。表紙や挿絵の紹介や魅力について語る。
- 高畑勲、宮崎駿、小田部羊一『幻の「長くつ下のピッピ」』2014年、岩波書店
  テレビアニメ化の実現にいたらなかった「長くつ下のピッピ」の1971年当時の高畑勲の字コンテ、宮崎駿のイメージボード、小田部羊一のキャラクター・デザインなどを収録。当時を振り返るロングインタビューも掲載。
- 宮崎駿監修、スタジオジブリ編『トトロの生まれたところ』2018年、岩波書店
  『となりのトトロ』の舞台となった所沢の四季折々の自然の魅力などを宮崎朱美がスケッチと日記を通じて紹介する。所沢についての宮崎駿へのインタビューを掲載。

■宮崎駿が参加したインタビューを含む著作
- 『黒沢明、宮崎駿、北野武――日本の三人の演出家』1993年、ロッキング・オン
- 黒沢明、宮崎駿『何が映画か――「七人の侍」と「まあだだよ」をめぐって』1993年、スタジオジブリ
- 宮崎駿ほか著、太田政男編『教育について』1998年、旬報社
- 宮崎駿、加藤登紀子『時には昔の話を』1992年、徳間書店
- 司馬遼太郎著、関川夏央監修『宗教と日本人 司馬遼太郎対話選集8』2006年、文藝春秋
- 筑紫哲也『このくにの姿 対論・筑紫哲也』2007年、集英社

■宮崎駿に関する批評、研究書など
- 村瀬学『宮崎駿の「深み」へ』2004年、平凡社
  『風の谷のナウシカ』から『ハウルの動く城』の原作まで、宮崎作品を読解し、感性と思考について考察したもの。著者は2015年に『宮崎駿再考』も刊行している。
- 叶精二『宮崎駿全書』2006年、フィルムアート社

宮崎駿の映画のほか制作スタッフや関係者についての資料を掲載。詳細な情報が掲載。

・切通理作『宮崎駿の「世界」 増補決定版』2008年、筑摩書房

　　宮崎駿の作家論、作品論、同時代論。増補決定版は「崖の上のポニョ」までの新作についての書下ろし、養老孟司氏との対談を収録。2001年版を改訂。

・米村みゆき編『ジブリの森へ——高畑勲・宮崎駿を読む 増補版』2008年、森話社

　　文学研究者によるジブリ映画の読解。2003年版の改訂であり『となりのトトロ』『ハウルの動く城』論を加え、巻末の関連年表・ブックガイドを更新。

・大塚英志『物語論で読む村上春樹と宮崎駿——構造しかない日本』2009年、角川書店

　　日本文学に通底する「甘えの構造」を分析した評論集。母性にあふれた女性登場人物と成長を拒否する男性登場人物について論じる。

・黒沢清、四方田犬彦、吉見俊哉、李鳳宇編『アニメは越境する』2010年、岩波書店

　　朴己洙「宮崎駿アニメーションのストーリーテリング戦略」が掲載。

・河野真太郎『戦う姫、働く少女』2017年、堀之内出版

　　ポストフェミニズム状況下でのポピュラーカルチャーによる女性表象を分析。『魔女の宅急便』におけるキキにおける感情労働や〈やりがい搾取〉的な状況、『千と千尋の神隠し』における依存労働などについて論じる。

・野村幸一郎『新版 宮崎駿の地平——ナウシカからもののけ姫へ』2018年、新典社

　　宮崎駿が依拠した思想や文献を調査し、宮崎駿の映画の主題を読み説く。中尾佐助が提唱した照葉樹林文化論や堀田善衛の作品を重要視する。2010年版の改訂新版。

・一ノ瀬俊也『昭和戦争史講義 ジブリ作品から歴史を学ぶ』2018年、人文書院

　　『火垂るの墓』『風立ちぬ』などを題材に、ジブリのアニメーション映画の時代背景を、歴史資料を用いつつ読み解く。ブックガイドも掲載。

・稲葉振一郎『ナウシカ解読 増補版』2019年、勁草書房

　　漫画版『風の谷のナウシカ』における思想的難問について論じる。付録「インタビュー・宮崎駿氏に聞く」。1996年の刊行された同書に新たな論考が追加された。

・赤坂憲雄『ナウシカ考 風の谷の黙示録』2019年、岩波書店

　　宮崎駿の長編漫画『風の谷のナウシカ』を思想の書として読解。

・ステファヌ・ルルー（岡村民夫訳）『シネアスト宮崎駿：奇異なもののポエジー』2020年、みすず書房

　『太陽の王子 ホルスの大冒険』『長靴をはいた猫』『どうぶつ宝島』から監督作品『ルパン三世 カリオストロの城』『風の谷のナウシカ』『となりのトトロ』『千と千尋の神隠し』までフレーミング、カメラの移動、画面の奥行などの映画表現に着目した論考。

・三浦雅士『スタジオジブリの想像力 地平線とは何か』2021年、講談社

　スタジオジブリの小冊子『熱風』での連載記事を改稿し単行本化。ギブソンの知覚理論、アルンハイムの視角的思考などを援用しながら、ジブリのアニメーションに潜む「地平線」を読解する。

・米村みゆき、須川亜紀子編『ジブリ・アニメーションの文化学 高畑勲・宮崎駿の表現を探る』2022年、七月社

　アニメーション研究に携わる研究者によるジブリ・アニメーションの論文集。ランドスケープ論、都市アニミズム論、コンテンツ文化論、メディア論、航空学などとも接続し、アニメーション研究の地平を拓こうとした論文集。

■画集、展覧会図録など
・『男鹿和雄展 ジブリの絵職人』2010年、日本テレビ放送網

　東京都現代美術館で開催された「ジブリの絵職人 男鹿和雄展」の図録。

・『近藤喜文の仕事 動画で表現できること』2014年、スタジオジブリ

　「新潟が生んだジブリの動画家 近藤喜文展」の図録として復刻再版。

・『スタジオジブリ・レイアウト展 図録 増補版』2016年、日本テレビ放送網

　2008年東京都現代美術館で開催した「スタジオジブリ・レイアウト展」の図録。

・宮崎駿『宮崎駿とジブリ美術館』2021年、岩波書店

　「美術館をつくる イメージボード、スケッチ集」と「企画展示をつくる2001年〜2020年の軌跡」の２冊組。

・『ジブリの立体建造物展 図録 復刻版』2021年、トゥーヴァージンズ

　2014〜2018年にかけて開催された「ジブリの立体建造物展」の図録の復刻版。

■鈴木敏夫による著作
・鈴木敏夫『ジブリの哲学──変わるものと変わらないもの』2011年、岩波書店

　プロデューサーとしての戦略などを語ったドキュメントエッセイ。続編は

2017年に刊行。

- 鈴木敏夫『映画道楽』2012年、角川書店

  自らの映画体験やジブリ作品にまつわる語り下ろし。単行本は2005年に刊行。2020年に『新・映画道楽　ちょい町エレジー哀歌』を刊行。

- 鈴木敏夫『鈴木敏夫の ジブリ汗まみれ 1〜5』2013年、復刊ドットコム

  スタジオジブリの代表取締役プロデューサー・鈴木敏夫が阿川佐和子、山田太一、庵野秀明など各界からのゲストを招いたFMTOKYOのラジオ番組の書籍化。

- 鈴木敏夫『仕事道楽 新版──スタジオジブリの現場』2014年、岩波書店

  スタジオジブリのプロデューサーとしてスタジオを支えてきた著者の仕事の話。初版は2008年に刊行。

- 鈴木敏夫『ジブリの仲間たち』2016年、新潮社

  ジブリ映画の宣伝と広告についての30年間の格闘を語った秘話。

- 鈴木敏夫『禅とジブリ』2019年、淡交社

  著者が映画制作の経験を通して玄侑宗久氏（作家・福聚寺住職）、横田南嶺氏（臨済宗円覚寺派管長）、細川晋輔氏（龍雲寺住職）の三人の禅僧と対談した内容。

- 鈴木敏夫著、聞き手渋谷陽一『風に吹かれて I- スタジオジブリへの道』2019年、中央公論新社

  渋谷陽一が宮崎駿、高畑勲を支え続けてきた著者にインタビューした内容。『CUT』の掲載分と文庫版の語り下ろし。単行本は2013年に刊行。「II- スタジオジブリの現在」も2019年に刊行。

- 鈴木敏夫『天才の思考　高畑勲と宮崎駿』2019年、文藝春秋

  『風の谷のナウシカ』から『かぐや姫の物語』まで高畑勲、宮崎駿の映画制作についての秘話。

※日本語文献ガイドの作成に当たっては、専修大学大学院博士課程 安藤圭祐さんの協力を得た。

2. 英語文献

- Alpert, Stephen M. 2020. *Sharing a House with the Never-Ending Man: 15 Years at Studio Ghibli.* Stone Bridge Press.

  （日本語版：スティーブン・アルバート著、桜内篤子訳『吾輩はガイジンである。──ジブリを世界に売った男』2016年、岩波書店）

徳間インターナショナルおよびスタジオジブリでジブリ作品の海外ビジネスを担当した著者の回想記。日本語版が先に出版されている。

・Bolton, Christopher. 2018. *Interpreting Anime.* University of Minnesota Press.

　　ポストモダニズム、精神分析などの様々な理論フレームを応用して日本のアニメを解釈する。第7章では『ハウルの動く城』を原作小説と比較しながら論じている。

・Cavallaro, Dani. 2006. *The Anime Art of Hayao Miyazaki.* McFarland.

　　マンガ、日本の漫画、アニメの視覚的慣習の分析、セルやコンピューターアニメーションを通じた技術などの観点から宮崎作品について述べる。『天空の城ラピュタ』『となりのトトロ』『ハウルの動く城』の分析を含む。付録では世界的なファン層の情報もある。

・Cavallaro, Dani. 2015. *The Late Works of Hayao Miyazaki: A Critical Study, 2004-2013.* McFarland.

　　2004〜2013年の宮崎駿の活動を取り上げ、『ハウルの動く城』『崖の上のポニョ』『風立ちぬ』）を含む6本の長編映画の研究となっている。

・Cavallaro, Dani. 2015. *Hayao Miyazaki's World Picture.* McFarland.

　禅と古典哲学、ロマン主義、実存主義、批判理論、ポスト構造主義、精神分析理論の視点を通して、現代文化と経済学に関する宮崎駿の見解について検証する。

・Denison, Rayna. 2018. *Princess Mononoke: Understanding Studio Ghibli's Monster Princess.* Bloomsbury Publishing Plc.

　　『もののけ姫』公開20周年を記念したアンソロジー。日本文化の中と外における『もののけ姫』の意義について批評的に考察しつつ、環境保護、グローバリゼーション、疎外されたグループの表現など、同作が探求する文化的・社会的問題を明らかにしている。

・Dudok de Wit, Alex. 2021. *Grave of the Fireflies.* Bloomsbury Publishing.

　　『火垂るの墓』のテーマ、映像装置、アニメーションの使い方、さらにこの映画が作られた政治的背景を探る。また制作過程についても、スタッフによる証言をもとに解説する。

・Greenberg, Raz. 2018. *Hayao Miyazaki: Exploring the Early Work of Japan's Greatest Animator.* Bloomsbury Publishing.

宮崎駿の初期作品に焦点を当て、国内外の作品、アニメーター、漫画家が宮崎駿の映画にどのように貢献してきたかを示す。

・LaMarre, Thomas. 2009. *The Anime Machine: A Media Theory of Animation.* University of Minnesota Press.

（日本語版：トーマス・ラマール著、藤木秀朗監訳、大﨑晴美訳『アニメ・マシーン　グローバル・メディアとしての日本アニメーション』2013年、名古屋大学出版会）

アニメーション製作のテクノロジー的要素に注目し「アニメティズム」という概念を提示する。『天空の城ラピュタ』の場面を「アニメティズム」の事例として取り上げている。

・Lucken, Michael, and Francesca Simkin. 2016. *Imitation and Creativity in Japanese Arts: From Kishida Ryusei to Miyazaki Hayao.* Columbia University Press.

日本の芸術における模倣と創造の哲学的基盤の研究の中で、『千と千尋の神隠し』を取り上げ、垂直、水平、「斜めの冒険」の視覚的地理が繰り返し現れていることに着目する。

・McCarthy, *Helen. 1999. Hayao Miyazaki: Master of Japanese Animation: Films, Themes, Artistry.* Stone Bridge Press.

『風の谷のナウシカ』、『天空の城ラピュタ』、『カリオストロの城』、『となりのトトロ』、『魔女の宅急便』、『紅の豚』、『もののけ姫』の7作品をインタビューや作品情報とともに評価する。アニメファンだけでなく、映画、文学、大衆文化を学ぶ学生に向けて書かれた書物。

・Napier, Susan. 2005. *Anime from Akira to Howl's Moving Castle: Experiencing Contemporary Japanese Animation.* Palgrave Macmillan.

（日本語版：スーザン・ネイピア著、神山京子訳『現代日本のアニメ『AKIRA』から『千と千尋の神隠し』まで』2002年、中央公論新社（旧版の翻訳））

『となりのトトロ』『魔女の宅急便』『風の谷のナウシカ』『火垂るの墓』『もののけ姫』『おもひでぽろぽろ』『千と千尋の神隠し』を「少女」創造、女性性、ファンタジー、「犠牲者としての歴史」性、カーニバル性の観点から取り上げ、論じている。

・Napier, Susan. 2018. *Miyazakiworld: A Life in Art.* Yale University Press.

（日本語版：スーザン・ネイピア著、仲達志訳『ミヤザキワールド 宮崎駿の闇と光』2019年、早川書房）

　　宮崎駿が手がけた長編映画と漫画版『風の谷のナウシカ』について考察。宮崎駿本人とスタジオジブリ関係者へのインタビューも踏まえる。

・Odell, Colin, and Michelle le Blanc. 2019. *Studio Ghibli: The Films of Hayao Miyazaki and Isao Takahata.* Kamera Books; Third edition

　　『千と千尋の神隠し』『もののけ姫』から『レッド・タートル』『山賊の娘ローニャ』までスタジオジブリ作品を網羅的に紹介する。

・Reinders, Eric Robert. 2016. *The Moral Narratives of Hayao Miyazaki.* McFarland & Company.

　　『風の谷のナウシカ』から『風立ちぬ』までの10本の長編映画に現れたメッセージを通して思春期、善と悪、過去との関係、自然の秩序における私たちの位置など、宗教的、哲学的、倫理的意味を分析する。

・2021. *HAYAO MIYAZAKI.* Delmonico Books

　　アカデミー映画博物館の企画展「HAYAO MIYAZAKI」の図録。

※英語文献ガイドの作成に当たっては、専修大学人文科学研究所特別研究員 平野泉さんの協力を得た。

3．中国語文献

■中国語で書かれた宮崎駿についての研究書

・何淑蘅『宮崎駿伝』（宫崎骏传）（簡体字）2020年、天津人民出版社

　　『宮崎駿伝』という本はアニメの巨匠の生い立ちをアウトラインに、宮崎駿の人生と作品が人々に与えた感動と啓示を記す。

・秦剛『風を捕まえる人宮崎駿』（捕风者宫崎骏）（簡体字）2015年、生活・読書・新知三連書店、（『捕風者』宮崎駿）（繁体字）2016年、香港中和出版有限公司

　　宮崎駿のアニメにある『メッセージ』について多角的な視点から細部を読み取り、解読を行う。

・秦剛『宮崎駿を感じる』（感受宫崎骏）（簡体字）2004年、文化芸術出版社

　　宮崎駿作品のシーン、服装、キャラクターなどを分析した資料である。

・楊暁林『アニメ巨匠宮崎駿』（动画大师宫崎骏）（簡体字）2009年、復旦大学出版社

宮崎駿の生涯と創作、アニメーションの主題、科学に対する観点、素材の選択、市場への判断、叙事スタイルと特徴、キャラクターの設定と形成、欧米のアニメーションとの淵源、ジブリの運営と管理について分析した書物。

・李世暉、鄭聞文『彼と彼女の飛行――宮崎駿と日本アニメ美少女の戦いコンプレックス』（他與她的飛行――宮崎駿與日本動畫美少女的戰鬥情結）（繁体字）2020年、国立交通大学出版社
　宮崎駿の映画に登場する女性主人公、女性キャラクターに関する描写や戦う物語のテーマを分析する。

・游佩芸『宮崎駿アニメの『文法』――動静収放の間に』（宮崎駿動畫的「文法」――在動静收放之間）（繁体字）2009年、玉山社
　台湾の研究者の観点から、宮崎駿アニメーションの独特性、および文化の境界を越えて台湾の観衆に愛されている根源を探究する。その創作精神と日本の伝統文化との関連、キャラクターの設定とアニメ演出やアニメジャンルとのつながりから、宮崎駿アニメの『文法』読む。

・呂鋒『アニメ巨匠――宮崎駿』（动画大师――宫崎骏）（簡体字）2014年、遼寧美術出版社
　独自の視点から宮崎駿作品の特徴と現代アニメに対する影響を研究する。

・沈黎暉、尹麗川『宮崎駿の感官世界』（宫崎骏的感官世界）（簡体字）2004年、作家出版社
　宮崎駿作品におけるシーン、服装、人物などをあらゆる角度から分析する。

・雲峰『夢と共に飛ぶ宮崎駿――アニメ、夢と昔の純真』（与梦飞翔宫崎骏――动漫．梦想．还有往日的纯真）（簡体字）2003年、文化芸術出版社
　図と文章の解説を通じて、宮崎駿監督の作品の分析を行い、作品の含意と主題を討論する。

■日本語文献からの中国語翻訳　スタジオジブリ関連書
※原著の書物、翻訳についての情報。（　）内は中国語の書名

・（原著）鈴木敏夫『風に吹かれて』（2013年、中央公論新社）
　黄文娟訳『ジブリの風　『風の谷のナウシカ』から『風立ちぬ』まで』（吉卜力的风――从〈风之谷〉到〈起风了〉）（簡体字）2016年、上海訳文出版社
　鐘嘉恵訳『風に吹かれて』（順風而起）（繁体字）2014年、台湾東販出版社
・（原著）鈴木敏夫『ジブリの仲間たち』（2016年、新潮社）
　黄文娟訳『ジブリの仲間たち――宮崎駿と高畑勲の映画をこのように売っている』（吉卜力的伙伴们：我是这样卖宫崎骏、高畑勋电影的）（簡体字）

2018年、中信出版社

- （原著）秋元大輔『宮崎駿の平和論 ジブリアニメから学ぶ』（2014年、小学館）
  丁超訳『宮崎駿の平和論——ジブリアニメから学ぶ』（从吉卜力动画学起
  ——宮崎骏的和平论）（簡体字）2018年、浙江大学出版社
- （原著）川上量生『コンテンツの秘密 ぼくがジブリで考えたこと』（2015年、
  NHK 出版）
  王鶴訳『トトロのお腹がふわふわしているのはなぜ』（龙猫的肚子为什么
  软绵绵）（簡体字）2018年、浙江大学出版社
  王淑儀訳『ジブリで考えていること』（我在吉卜力思考的事）（繁体字）
  2018年、積木文化
- （原著）押井守『誰も語らなかったジブリを語ろう』（2017年、東京ニュース
  通信社）
  李思園訳『悪口を言いたくない！誰も評価しようとしないジブリの功罪』
  （并不想说坏话！无人敢评的吉卜力功过）（簡体字）2021年、四川文芸出版社
  鐘嘉恵訳『語り尽くす！押井守漫談ジブリの秘話』（暢所欲言！押井守漫
  談吉卜力秘辛）（繁体字）2018年、台湾東販
- （原著）宮崎駿『本へのとびら 岩波少年文庫を語る』（2011年、岩波書店）
  田秀娟訳『本があってよかった』（有书真好啊）（簡体字）2021年、南海出
  版社
- （原著）宮崎駿『トトロの住む家 増補改訂版』（2011年、岩波書店）
  史詩訳『トトロの家』（龙猫的家）（簡体字）2021年、南海出版社
  薛智恆訳『トトロの家』（龍貓的家）（繁体字）2012年、台湾東販
- （原著）小川仁志『ジブリアニメで哲学する 世界の見方が変わるヒント』
  （2017年、PHP 研究所）
  凌文樺訳『宮崎駿のこどもへの哲学啓蒙』（宮崎骏给孩子的哲学启蒙）（簡
  体字）2020年、北京日报出版社
- （原著）杉田俊介『宮崎駿論 神々と子どもたちの物語』（2014年、NHK 出版）
  于素秋、李延坤、武宝瑞訳『宮崎駿評伝——神々と子供とちの物語』（宮
  崎骏评传——众神和孩童的故事）（簡体字）2021年、商務印書館
  彭俊人訳『宮崎駿論——神々と子供たちの物語』（宮崎駿論——眾神與孩
  子們的物語）（繁体字）2017年、典藏藝術家庭
- （原著）山川賢一『宮崎駿ワールド大研究』（2014年、宝島社）
  曹逸氷訳『宮崎駿と彼の世界』（宮崎骏和他的世界）（簡体字）2016年、中
  信出版社

・（原著）鈴木敏夫『仕事道楽——スタジオジブリの現場』（2008年、岩波書店）
　　杜蕾訳『仕事道楽　宮崎駿、高畑勲とジブリの現場にいる』（乐在工作・与宮崎骏、高畑勋在吉卜力的现场）（簡体字）2013年、時代文芸出版社
　　鐘嘉恵訳『仕事道楽　宮崎駿、高畑勲とアニメの世界にいる』（樂在工作——進入宮崎駿、高畑勳的動畫世界）（繁体字）2009年、台湾東販出版社
・（原著）青井汎『宮崎アニメの暗号』（新潮社、2004年）
　　宋躍莉訳『宮崎駿の暗号』（宫崎骏的暗号）（簡体字）2006年、雲南美術出版社
　　胡慧文訳『宮崎駿のアニメ暗号』（宮崎駿的動漫密碼）（繁体字）2009年、大地出版社
・（原著）鈴木敏夫『天才の思考 高畑勲と宮崎駿』（2019年、文藝春秋）
　　緋華璃訳『天才の思考　高畑勲と宮崎駿』（天才的思考 高畑勳與宮崎駿）（繁体字）2021年、新経典文化
・（原著）宮崎駿『出発点——1979〜1996』（1996年、徳間書店）
　　黄韵凡、章澤儀訳『出発点　1979-1996』（出發點 1979-1996）（繁体字）2006年、台湾東販出版社
・（原著）宮崎駿『折り返し点——1997〜2008』（2008年、徳間書店）
　　黄韵凡訳『折り返し点　1997〜2008』（折返點1997〜2008）（繁体字）2010年、台湾東販出版社
・（原著）鈴木敏夫『ジブリの哲学——変わるものと変わらないもの』（2011年、岩波書店）
　　鐘嘉恵訳『ジブリの哲学——変わるものと変わらないもの』（吉卜力的哲學——改變的事物與不變的事物）（繁体字）2019年、台湾東販出版社
・（原著）宮崎駿『トトロの生まれたところ』（2018年、岩波書店）
　　鐘嘉恵訳『トトロの生まれたところ』（龍貓的誕生之地）（繁体字）2019年、台湾東販
・（原著）鈴木敏夫『ジブリの鈴木さんに聞いた仕事の名言』（2020年、角川書店）
　　涂愫芸訳『人生は単なる空騒ぎ——言葉の魔法』（笑看人生紛擾其實空——言語的魔法）

（繁体字）2020年、台湾角川

■設定集
・（原著）『ジ・アート・シリーズ』（ムック、徳間書店）
　　『ジ・アート・シリーズ』（The Art of 系列）（繁体字）台湾東販、全12冊
　　宮崎駿の各作品の設定集である。キャラクター設定、インタビュー、背景
　　などを含んでいる。

■原作小説／漫画
・宮崎駿『風の谷のナウシカ』
　　（繁体字）黄慧璘＆ J.T.comix 訳台湾東販、全7冊
・野坂昭如『火垂るの墓』
　　（簡体字）施小炜訳、2009年、南海出版会社
　　（繁体字）頼明珠訳、2007年、猫巴士
・角野栄子『魔女の宅急便』
　　簡体字と繁体字、ともに諸バージョンがある。
・ダイアナ・ウィン・ジョーズ『魔法使いハウルと火の悪魔』
　　（簡体字）何寧訳、2005年、人民郵電出版社
　　（繁体字）柯翠園訳、2004年、尖端出版
・メアリー・ノートン『床下の小人だち』
　　簡体字、諸バージョンがある
・堀辰雄『風立ちぬ』
　　簡体字と繁体字、どちらも諸バージョンがある
・ジョーン・G・ロビンソン『思い出のマーニー』
　　（簡体字）孫張静訳、2015年、青島出版社
　　（繁体字）王欣欣訳、2014年、台湾東販

※中国語文献ガイドの作成に当たっては、専修大学大学院博士課程の徐揚さん、同修士課程の李昕雨さんの協力を得た。

著者紹介

米村 みゆき（よねむら　みゆき）

名古屋市生まれ。専修大学文学部日本文学文化学科教授。研究領域は日本近現代文学、アニメーション文化論。博士（文学）。
名古屋大学大学院博士課程を経て日本学術振興会特別研究員PD、2009年より専修大学文学部に在職。ブリティッシュコロンビア大学アジア研究センター客員教授（2019年）。日本アニメーション学会副会長（2018年〜）、日本児童文学学会評議員（2022年〜）。
主要著書に『ジブリ・アニメーションの文化学　高畑勲・宮崎駿の表現を探る』（共編著、2022年、七月社）、『アニメーション文化　55のキーワード』（共編著、2019年、ミネルヴァ書房）、『ケアを描く　育児と介護の現代小説』（共編著、2019年、七月社）、『〈介護小説〉の風景——高齢社会と文学　増補版』（共編著、2015年、森話社）、『村上春樹　表象の圏域』（編著、2014年、森話社）、『ジブリの森へ——高畑勲・宮崎駿を読む　増補版』（編著、2008年、森話社）、著書『宮澤賢治を創った男たち』（2003年、青弓社）で、第28回日本児童文学学会奨励賞受賞。

映像作家 宮崎駿
〈視覚的文学〉としてのアニメーション映画

2023 年 7 月 20 日　初版第 1 刷発行
2023 年 7 月 25 日　初版第 2 刷発行

著　者　米村 みゆき
発行者　須賀 晃一
発行所　株式会社　早稲田大学出版部
　　　　169-0051　東京都新宿区西早稲田 1-9-12
　　　　☎ 03-3203-1551
　　　　http://www.waseda-up.co.jp

装丁・本文 DTP　三浦 正巳
印刷・製本　精文堂印刷株式会社